Izu Peninsula Geopark

Izu

伊豆半島ジオパーク トレッキングガイド

本郷富士浅間神社

雷

ゆ

Contents

【伊豆半島へのアクセス】

◉乗用車
東名厚木 IC ～小田原厚木道路～国道 135 号線～ 136 号線／西湘バイパス～国道 135 号線～ 136 号線
東名高速道路沼津 IC または新東名高速道路長泉沼津 IC 経由、伊豆縦貫自動車道より各地へ。

◉電車・バス・フェリー
東京方面より特急「踊り子」または「スーパービュー踊り子」で修善寺駅または伊豆急下田駅よりバス利用。東海道新幹線三島駅より伊豆箱根鉄道乗り換え。東海道新幹線熱海駅、三島駅下車。東海道本線沼津駅下車。各駅からバス、タクシー利用。

関西方面からは、静岡市清水港よりフェリー利用も可能。

【この本の使い方について】

◎この本で紹介するトレッキングコースは、ジオサイトを体感できることをコンセプトにしているため、コースの距離もさまざま、浜辺歩きも山歩きもあります。初心者でも十分歩けるコース設定になっていますが、トレッキングシューズや水筒、雨具などの携帯は必須です。また、ジオサイトは絶壁や海岸沿い、川沿いなどにあることも多いため、落石や高波などには十分に注意し、危険な場所には長時間滞在しないことをお薦めします。
コースの難易度は、最高で★が 5 個です。歩行時間には休憩時間を含んでいません。あくまでも参考タイムとして、余裕を持って計画を立ててください。

NISHIIZU

世界的にも珍しい海底火山の地層が見られる西伊豆エリア。
豊かな駿河湾の恵みを五感で楽しみながら
黒潮が運んだ海の文化と、美しい地層の織りなす絶景を楽しめる。

岩地・烏帽子山／田子・安城岬
子浦日和山

IWACHI

岩地～烏帽子山コース

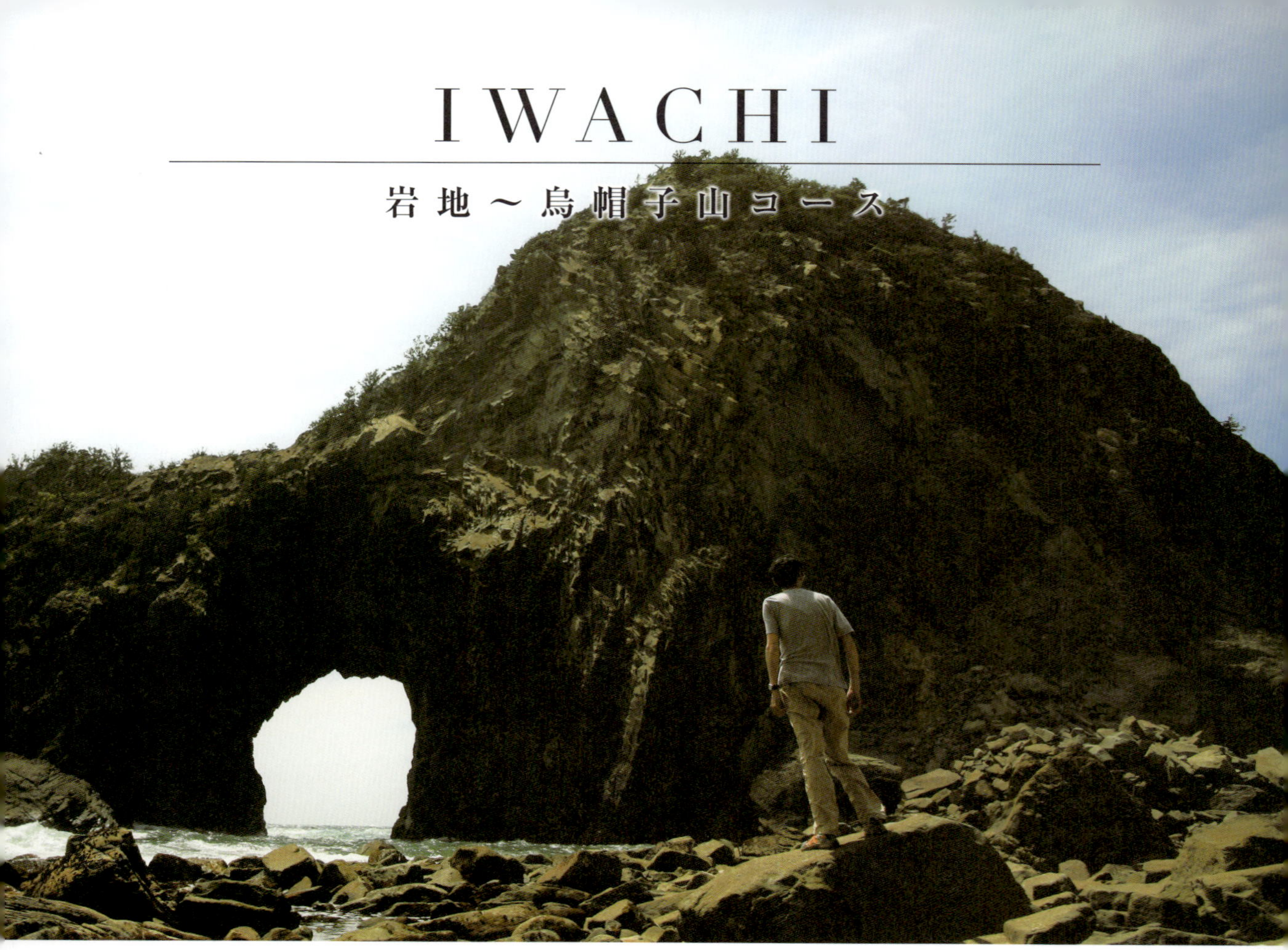

伊豆の秘境、三浦歩道を行く

ビヨビヨだけど
狛犬です

のどかな風情漂う岩地・石部・雲見をてくてく歩き。伊豆石の石丁場跡に唸り、
太古から崇められてきた神社に頭を下げ、海底火山がつくった造形美に胸を打たれる。
移り変わる景色は驚きと感動の連続だ。

文・高橋秀樹

course ①

難易度	★★★☆☆
歩行時間	約４時間
歩行距離	約７km

国道１３６号線の一里塚バス停にほど近い町営駐車場から、眼下に美しい砂浜を持つ入り江と小さな集落が一望できる。岩地《いわち》集落だ。浜辺へ通じる小道を下って行くと集落を囲むように石積みの段々畑が連なっている。マーガレットを栽培していた時期もあったようだが、畑の多くは荒れていた。

岩地は、名前の通り岩や石がやたらと目に付く土地だ。集落に下る小道は自然の岩を削り出した石段だ。砂浜と集落との間にはコンクリートの防潮堤があるが、浜辺に面した家々の前には昔の立派な石積みの防潮堤が残っている。肩を寄せ合うような家並みの狭い路地に入り込むと、人の背丈ほどもある石垣の上に家が座っている。

「浜の右手の長磯という岩場から切り出した石が段々畑の石垣や防潮堤、屋敷の石垣などに使われています。『長磯石《ながいそいし》』と呼ばれる伊豆石のひとつ。海底につもった火山灰が固まった凝灰岩の一種で、軽くて加工しやすいという特徴があります」とジオガイドの佐野勇人さん。

圧巻は迷路のような路地の奥に鎮座する諸石《もろいし》神社だ。創建は室町時代の永禄元年（１５５８）と伝えら

1

2

地下からのマグマの通り道・火山の根がダイナミックな景観をつくった千貫門。波の浸食でできた海食洞が「門」を形作る。烏帽子山の山頂にある雲見浅間神社の門、ともいわれる

1.2.「長磯石」という伊豆石で作った岩地集落の石段。迷路のように続く路地を入ると、長磯石が使われた屋敷の石垣や石段がある 3. 岩地の建物はオレンジ色の屋根とアイボリーの壁に塗られ、「東洋のコートダジュール」とも呼ばれている。民宿は25軒あり、夏には海岸に海の家も出て海水浴客でにぎわう 4.5 伊豆石が要塞のように積み上げられた諸石神社。大漁や五穀豊穣を祈願して伝統芸能を奉納する岩地梵天まつりは毎年10月下旬に開催

3

4

5

れている。その佇まいはまるで城郭だ。整然と積み上げられた高い石垣の上に拝殿、さらに上へと石垣が組まれ長い石段を上ると本殿だ。そこからは湾内の見通しがきく。かつてはボラ漁の見張り台として使われていたという。この神社の祭神は高皇生霊神《たかみむすひのかみ》だが、地元では「梵天（仏教の守護神の一人）さん」と呼び親しまれる岩地の氏神だ。

　岩地は三浦歩道《さんぽ》の起終点になっているが、今回は、石部までは国道136号線を歩くことにした。歩くこと30分弱で小さな入り江を持つ石部の集落に到着。ひっそりと静かな波止場の片隅に平六地蔵露天風呂が湯気を立てている。ひとっ風呂浴びたいところだが、まだ先は長い。後ろ髪を引かれつつ、堤防を回り込んだところにある海岸へ。大小の石がごろごろした浜で背後は断崖だ。ここでのジオポイントは「玉ねぎ状風化」した凝灰岩で、なるほど玉ねぎの皮のように幾重もの薄い層になっている。

　石部《いしぶ》という地名だが、もともとは「石火」だったと伝えられる。その説を裏付けるものが住宅地の中にあった。「石火石」という大岩で、雌雄ふたつある。ジオ的には海底火

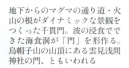

2

3

1

4

6

5

7

1.2 岩地と雲見の間にある石部海岸の凝灰岩の崖に「玉ねぎ状風化」した岩を見ることができる。これは岩のかたまりや地層の節理沿いの角が風化して玉ねぎの皮のように内部が球状に残ることをいう 3. 伊志夫神社の神殿には雄雌の大岩があり、この岩に神が宿るとして雄岩のてっぺんで神火を燃やし、海上交通の目安とした 4. 参道に並ぶ石仏や祠 5. 石部にある平六地蔵露天風呂は混浴で入浴無料。4月下旬～10月の間のみ営業。夏は海水浴帰りの客が利用する人気の温泉 6. 石部から雲見へ抜ける三浦歩道の山道には、切り出したまま放置された伊豆石が転がっていた 7. 黒崎展望台からは眼下に岩地、石部の港を一望できる

山の噴火の名残だが、古人は、神が宿る大岩として祀り、雄石の頂上部の窪みで神火を燃やし、灯台のような役割をしていたともいう。集落を見下ろす山腹に鎮座する伊志夫《いしぶ》神社の創建ははっきりしていないが、室町時代の天文12年（1543）に建てられた社殿の棟札には「石火大明神」、「石火村」の記載があるそうだ。いまの地名は「江戸時代、村にたびたび火災があって〝火〟の字を嫌った村人が〝石部〟に変えた」（佐野さん）のだという。

伊志夫神社からほど近いところに石部から雲見へと通じる三浦歩道の入り口がある。ほんの50年前まで浦々を行き来していた生活の道は、うっそうとした木々に囲まれた山道だ。われわれ一行は「暑い」「汗が目にしみる」などと愚痴を吐きつつ雲見を目指した。長い登りの後の黒崎展望台、三競展望台からの眺めは一服の清涼剤だ。三競展望台から眼下に岩地、石部、雲見の浦々が見え、空気が澄んでいれば富士山も望める。

雲見に向かって下る途中「見せたいものが」と佐野さんが、歩道の脇の藪を少し分け入った。目の前に現れたのは、ジャングルに埋もれた古

10

8

9

8. ところてんの原料、天草の水揚げが全国でも有数の西伊豆。雲見でも天草干しの風景が見られた 9. 雲見の太田川に沿いには民宿が立ち並び、のどかな雰囲気 10.R136 沿いにある雲見霊廟は石丁場だった場所で、国道を整備する際に墓地や石仏を移し、現在は納骨堂になっている。まるで中近東の古代遺跡を訪れたかのよう。国道沿いにこんな場所があるなんて意外な気がする 11. 三浦歩道ではしばしば、さざれ石が出現する

代遺跡を彷彿とさせる光景だ。薄いオレンジ色から白味がかった凝灰岩で「サクラ石」と呼ばれる伊豆石の石丁場跡である。この山中にはいくつかの石丁場跡があり、切り出されたまま放置された石材を見ることができる。三浦歩道はいったん赤井浜で国道136号線と合流するが、赤井浜バス停近くには石丁場跡を利用した雲見霊廟《れいびょう》がある。日本は〝木の文化〟といわれるが、ここには〝石の文化〟が息づいている。

　赤井浜から、もうひと山越える

美しくも厳しい自然と
そこに生きた人々の歴史が今も残る

11

認定ジオガイド
佐野勇人さん

松崎町で「御宿しんしま」を営む佐野さんは石が大好き。学生時代、サザエの化石を発見し、「サノサザエ」と学名が付けられたそう。ジオポイントを土地の伝承、神話などを交え、民俗学的な視点でガイドしてくれる。

1

2

1. 遊歩道の途中から千貫門を見下ろす。ジオ的に言うと、地表に現れた火山の根、と表現されるのがよく分かる 2. 千貫門から見た烏帽子山 3.4.5 約200万〜60万年前、伊豆半島が隆起した際に地上に姿を現したのが烏帽子山。堆積した火山灰などの噴出物が海流で浸食され、マグマの通り道の火道（火山の根）が残る。急な石段と岩盤むきだしの山道を上ると雲見浅間神社が鎮座し、その先には展望台が 6. 展望台からは富士山や南アルプス、駿河湾、御前崎が一望できる

と民宿が軒を連ねる雲見だ。複雑な海岸線は〝奇岩〟の名所であり、天気に恵まれれば砂浜から駿河湾越しに富士山が見える景勝地だ。雲見にはこのコースの一番の見所ともいえるジオポイントがある。千貫門《せんがんもん》と烏帽子山《えぼし》だ。絶景ポイントであり、また、古くから地域の信仰の対象である。

伊豆半島ジオパークの案内板が立つ雲見海水浴場を起点にして、どちらも往復で60分くらいの道程だ。

民宿街を流れる太田川の上流へと遊歩道を進み、川を渡って登ること約20分。視界が開け、切り立った海岸線を見渡せる展望台へと出る。海岸へ下っていくと海上に突き出した巨大な岩が目の前に迫ってくる。千貫門だ。海岸に着くと、それは岩というより島といった威容でわれわれを圧倒する。岩の中央には波で削られたトンネル（海食洞）がぽっかりと口を開けている。われわれの口から出るのは「ほーっ！」「凄い！」という感嘆の声だけであった。ジオ的にいえば、かつての海底火山の〝マグマの通り道〟が冷えて固まり、隆起して地上に現れた後、雨風の浸食によって削り出されもので「火山の根（火山岩頸《がんけい》）」と呼ばれる。

同じ「火山の根」である標高162mの烏帽子山は、山頂まで450段の石段があり、ひさし状に張り出した断崖絶壁の山頂に立つにはなかなか勇気がいるが、眺めは素晴らしい。

山頂直下には雲見浅間神社が鎮座する。日本神話では、富士山をご神体とした浅間神社の祭神はほとんどが木花開耶姫命《このはなさくやひめのみこと》だが、ここに祀られているのは姉の磐長姫命《いわながひめのみこと》だ。神話によると、天照大神の孫である瓊瓊杵命《ににぎのみこと》に姉妹は嫁いだが、容姿の悪い磐長姫命は里に返されてしまった。そのことが姉妹の確執を生み、地元では、富士山をほめると怪我をするという言い伝えがある。

岩地、石部、雲見という三浦を巡ると、海底火山の記憶が伝説や信仰という形で今に生きているという気がしてくる。

E b o s h i - y a m a

3

4

5

6

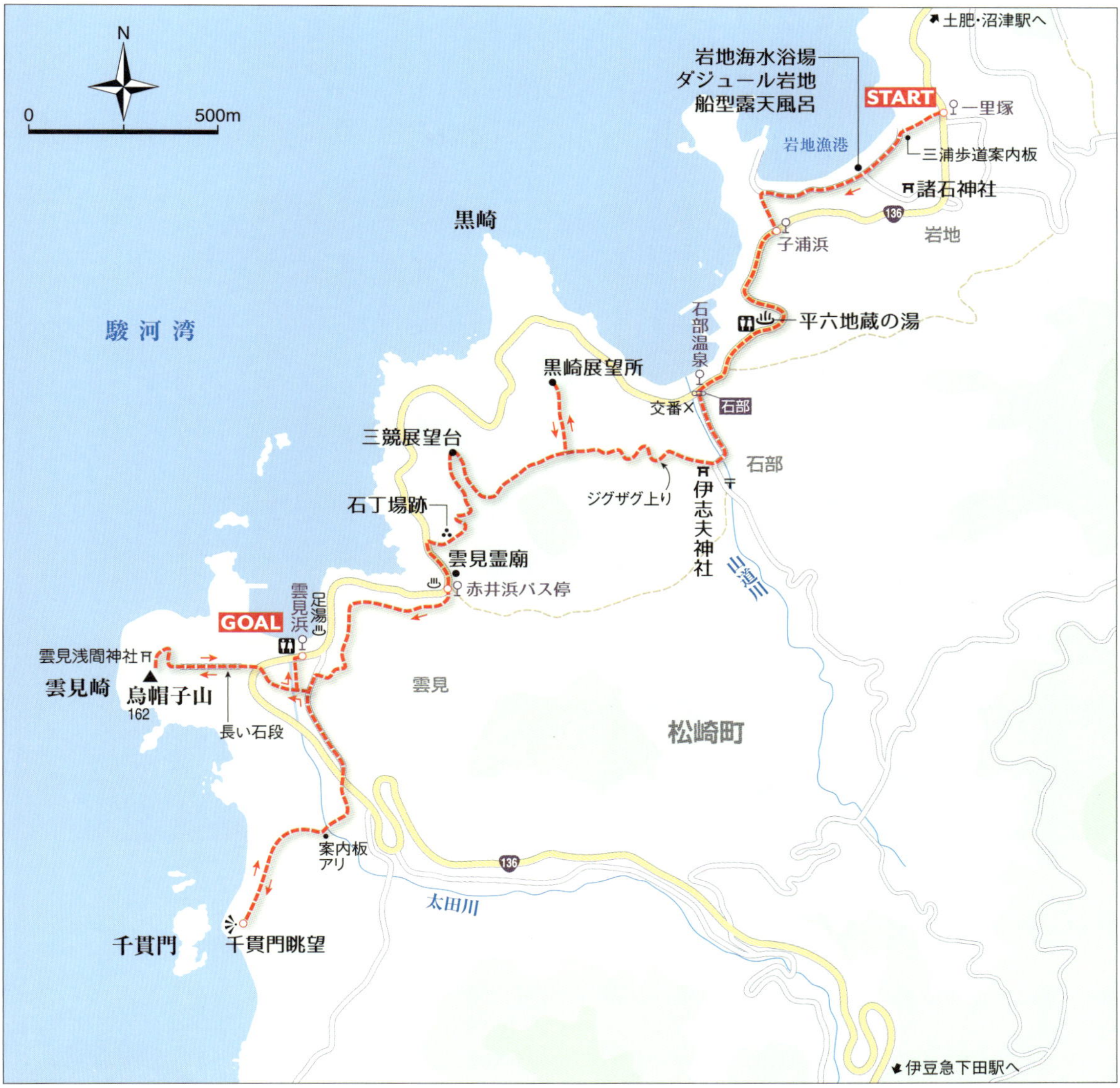

access

【往路】伊豆箱根鉄道修善寺駅→バス 100 分→松崎→バス 10 分→岩地一里塚【復路】雲見→バス 20 分→松崎→バス 100 分→修善寺駅

オススメ point

御宿しんしま

なまこ壁に囲まれた「しんしま」では、源泉100%の天然出湯をかけ流しにした温泉を立ち寄り湯で楽しめる。ポカポカ気分をより高める伊豆石の湯舟がいい。

■松崎町宮内 284 TEL 0558-42-0236

コースガイド

一里塚 ← 10分 ← 諸石神社 ← 25分 ← 石部港 ← 35分 ← 三競展望台 ← 20分 ← 石丁場 ← 45分 ← 雲見霊廟 ← 45分 ← 千貫門 ← 55分 ← 烏帽子山 ← 30分 ← 雲見港

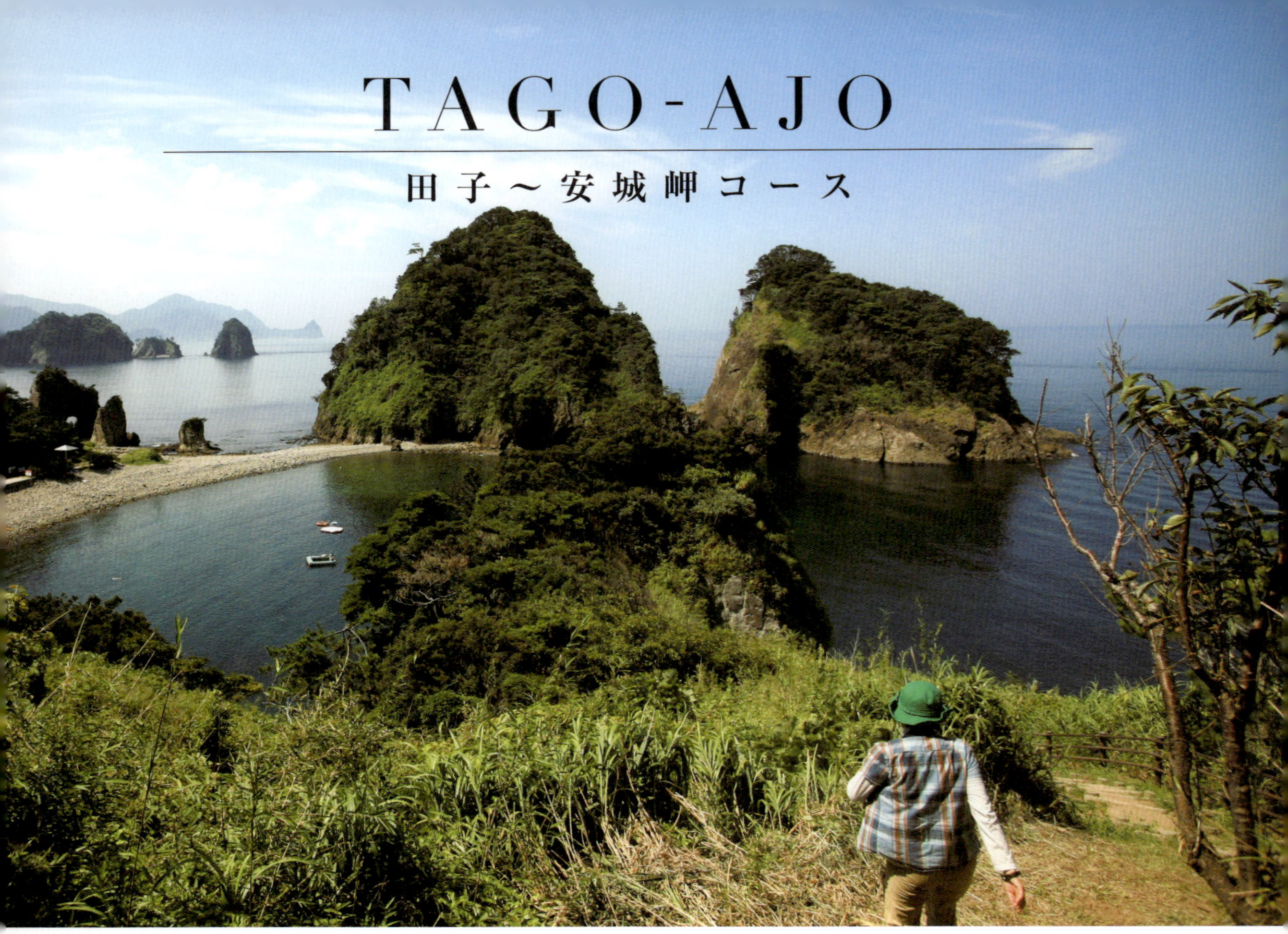

TAGO-AJO

田子～安城岬コース

世界も注目するジオの宝庫を歩く

田子、浮島、堂ヶ島、仁科、安城岬と、特徴的な西伊豆の海岸線を歩くコース。
かつて海底火山であった証の地層や景色を眺めつつ足を進めれば、
完走したご褒美には日本の夕陽100選に選ばれた自慢の夕陽が待っている。

文・高橋秀樹

ハマナデシコは夏の花

course ②

難易度　★★★☆☆
歩行時間　約５時間
歩行距離　約13km

西伊豆町田子は奈良時代に名前が登場するほど古い漁師町だ。かつてはカツオ漁の基地として栄え、田子節という独特の製法を伝えるカツオ節工場が40軒ほどあったが、いまカツオ船は1隻もなく、カツオ節工場は3軒を残すのみだ。しかし波静かな波止場に立つと〝天然の良港〟という言葉がぴったりで、港としての歴史の古さを物語るかのようだ。湾には、いくつもの小島が浮かび、古い絵葉書を見ているような懐かしさがある。こうした景色は、実は、まだ伊豆が海底火山だったころの名残なのだという。

田子港から燈明ヶ崎《とうみょうがさき》に向かって歩きはじめた。しばらくすると、奥深く、狭い海岸線の崖に鉄柵で閉じられた洞窟があった。脇にある説明板によると太平洋戦争末期の昭和20年「ベニヤ板の特攻艇〝震洋《しんよう》〟」を格納するために凝灰岩を掘り込んだもので、当時は36本あったという。海底火山の名残には、こういう暗い歴史も刻まれている。大正8（1919）年創業という歴史のある造船所を過ぎると、田子瀬浜《せばま》と呼ばれる浜に着いた。夏の日差しの下で海水浴客たちが磯遊びに興じていた。楽しげな海水浴客を横目に湾口の突端に向か

1. 波静かな田子瀬浜海水浴場は、磯遊びや釣り、シュノーケリングが楽しめて家族連れに人気。湾には尊之島や田子島、弁天島などが浮かび、豊かな景観 2. 田子は土佐と並んで鰹漁（一本釣り）の拠点として栄えてきた。漁業を中心に鰹節加工業も栄え、昭和初期には40軒もの鰹節製造店があったという 3. 田子港が一望できる岬には、カツオの供養塔が並んでいる 4. 港から西の山側にいくつもの穴があるが、これは太平洋戦争末期の昭和20年頃「ベニヤ板の特攻艇震洋」を格納するために掘られたもの。田子にはこのような洞窟格納庫が36本も彫られていた

燈明ヶ崎遊歩道から、弧を描くような海岸線の浮島海水浴場を見下ろす。浮島海岸の三ツ足と呼ばれる奇岩をはじめ、遠くには堂ヶ島が見える

うと、凝灰岩の伊豆石で作られたカツオの供養塔がいくつも立っており、かつての繁栄がしのばれる。

田子瀬浜から燈明ヶ崎遊歩道に入る。浮島《ふとう》海岸まで1・7kmほどの“岬めぐり”の道程。瀬浜から、登るにつれて次第に田子湾を俯瞰できるようになる。眼下に「山」の字に見える尊之島《そんのしま》や田子島が浮かぶ。田子は、かつて伊豆水軍（海賊衆）の拠点のひとつで、船を隠すにはもってこいと思われる複雑な海岸線だ。少し行くと富士山や南アルプスが見える場所があるが、あいにく靄っていた。浮島まで半分近く進んだところに、岬の名前の由来になった「燈明堂跡」がある。昔の灯台だが、その痕跡を石の土台が残している。路傍に咲くハマカンゾウやハマナデシコといった夏の花を眺め、照葉樹の薄暗い小道を抜けていくと「浮島海岸0・3km」の道標。その近くの分岐を海に2、3分向かうと岩の突端に出る。その絶景に一同喝采。分岐に戻り、少し進むと浮島海岸が一望できる高台に出る。近くに「五輪さん」と呼ばれる半洞窟の祠があるというので立ち寄ると、それは太古の海底火山の名残に鎮座していた。ジオガイドの仲田慶枝さんによれば「噴火に伴って起きた土石流の痕跡」だという。

1. 浮島海岸の奇岩は、柱状節理が刻まれた何十枚もの岩脈からできたもの。いわば火山の根で、かつては海底火山の火口が巨大に口を開けていたとイメージできる 2. 燈明ヶ崎遊歩道の途中にあった五輪さん 3. 灯台の前身、燈明堂があったことから燈明ヶ崎という名がついた。岬には燈明堂跡の石が残っていた 4. 干潮時になると三四郎島までおよそ30mの砂州ができ歩いて渡ることができる

浮島海岸は、コバルトブルーの海にいくつもの奇岩が突き出した小石の浜だ。なかでも「三ツ足」と呼ばれる一列に並んだ奇岩は面白い。近づくと、無数の石材を積み上げたように整然としており、見ようによっては古代の遺跡のようでもある。「海底火山の時代に、地下深くから上昇してきたマグマの通り道で〝岩脈〟と呼ばれ、規則的な亀裂はマグマが冷えて固まるときに縮んでできる柱状節理」と仲田さん。上に伸びるマグマは左右から冷やされるために、横向きになった柱状節理がつくられるのだという。「三ツ足」は、そうした岩脈であり、地上に現れ、浸食され、海食洞を持つ奇岩となっているのだ。

国道136号線の田子入口バス停に出て、景勝地として知られる堂ヶ島へ移動。瀬浜バス停からほど近い堂ヶ島温泉ホテルの脇道を下っていくと、浜から200mほど先に小島が浮かんでいる。伝兵衛島、中ノ島、沖ノ瀬島、高島という島々で、見る角度によって3つにも4つにも見えることから「三四郎島」と呼ばれている。これらの島々も、マグマの通り道である「岩脈」の群れなのだという。これらの島々と浜と

目の前に広がる駿河湾、思わず歓声!!

5. 燈明ヶ崎からは、駿河湾の大海原を目の前に、南アルプスから南伊豆まで、すばらしい眺望を望むことができる

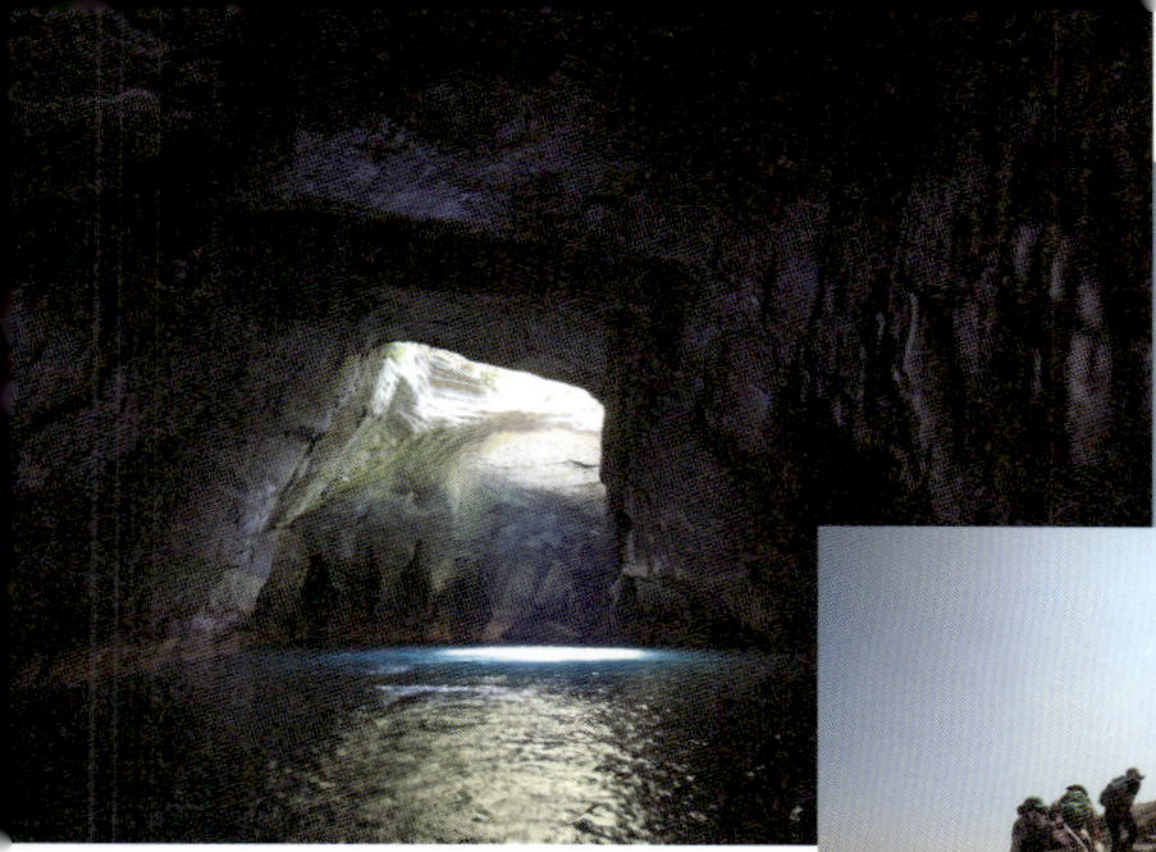

7

6

8

の間には、干潮時になると石礫の〝橋〟が現れる。「トンボロ（陸繋砂州）」という現象だ。ちょうど干潮時で、多くの観光客が島に向かって砂州を渡っていた。

堂ヶ島は、その海岸線の美しさで知られる。まずは遊覧船に乗って海上から海岸線や小島を眺めてみることに。次々と目の前に現れる風景は、さすがに景勝地のことだけあって美しい。それは地層の美しさといっても過言ではない。海底火山の時代、海の底に降り積もった火山灰や軽石、火山の噴火にともなって海底の泥や砂を巻き込んだ水底土石流の地層が本州への衝突とともに隆起した。その後の浸食によって磨かれ、自然の造形美を生んでいる、世界中の海底火山研究者たちからも注目される景色だ。遊覧船の目玉は「天窓洞」だ。海底火山の噴出物が隆起し、波の浸食で洞窟（海食洞）になり、最後に天井が落ちたものだ。

堂ヶ島から仁科方面に向かって国道136号線を10分ほど歩くと乗浜バス停。そこから曲がった嘴のような小さな岬へ。岬の入口にある乗浜海水浴場から路地に入ったところに「白岩山岩壁窟画」がある。海底火山灰層を掘って作られた洞窟内に

6. 堂ヶ島の白い地層は海底火山の噴火で放出された白色の軽石が海底に降り積もってできたもの 7. 海から眺める堂ヶ島もなかなかのもの。堂ヶ島遊覧船、洞くつめぐりの人気は、この天窓洞。太陽の光が穴から差し込むと海面がエメラルド色になる 8. 遊覧船乗り場の横から岬をまわる堂ヶ島遊歩道へ。ジオを楽しむなら実際に歩くことをお勧めする 9. 島に囲まれた小さなビーチ、乗浜海水浴場 10. 凝灰岩の山肌を人工的に堀って、その中央に須弥檀をつくり、上部の岩肌に7体の仏像を線画で描いた白岩山岸壁窟画 11. 沢田公園露天風呂周辺の地層は、海底火山の噴火による水底土石流や海底に降り積もった軽石、火山灰でできている 12. 断崖にあり、絶景が自慢の沢田公園露天風呂。現在休業中だが平成27年4月に再開予定

9

11

12

10

室町中期の仏像画が描かれている。さらに進むと沢田公園で、白っぽい火山灰・軽石の地層の縞模様が美しい。仁科港の船溜まりから少し歩くと鍛冶屋浜という小さな浜に出た。武士の兜に似ていることから「かぶと岩」と呼ばれる岩山の地層は傑作だ。「白っぽい地層は降り積もった火山灰で、火焔のように見えるのは柔らかいうちに変形したもの。」（仲田さん）だという。

　岬の突端のほうは枯野公園。この辺りは『日本書紀』に登場する造船の地だったともいわれる。整備された遊歩道を下ると、目の前に黒々とした水冷破砕流に覆われた地層が海に落ちていた。海中にマグマが噴出したとき、急激に冷やされて砕けてできた岩の塊だ。沢田方面に引き返し、仁科港にたどり着いてホッとする間もなく、安城《あじょう》岬へ。「安城岬ふれあい公園」から、ヤブツバキ、モチノキ、ウバメガシといった照葉樹の森を登り、下っていくこと30、40分。目の前に現れた岬の突端は「亀甲《かめご》岩」と呼ばれ、海底火山の名残そのものの風景だ。汗だくだくで歩いてきたご褒美のような風が心地よかった。

1.仁科漁港に沿うように歩き、鍛冶屋浜へ。海底に降り積もった白い火山灰の一部は、柔らかいうちに変形して蛇がうねったような模様ができている 2.3 伊豆水軍が拠点としたという安城岬。全体が安城岬ふれあい公園として整備され、芝生の広場や足湯がある。岬を一周するように設けられた全長3kmの遊歩道はアップダウンあり。途中には木々の間を抜ける場所も。海岸の植物をはじめ、野山の植物も楽しめる

1

2

3

不思議な模様のパノラマがつづく

4.安城岬の大半は、海底に降り積もったスコリアの層でできている。遊歩道の終点には大きな亀の形をした「亀甲岩」がある

access

【往路】清水港→フェリー65分→土肥港→バス35分→田子、または修善寺駅→バス85分→田子【復路】仁科→バス90分→修善寺

オススメ point

なぎさの湯

大浜海水浴場を目の前にした高台に立つ町営日帰り温泉施設。男女別で6人ほどが入れる内湯と、縦長の露天風呂がある。波の音を聞きながらつかる温泉は格別。

■西伊豆町仁科814-4 TEL 0558-52-1820

コースガイド

田子港
← 10分
田子瀬浜海水浴場
← 45分
燈明堂跡
← 45分
浮島海岸
← 30分
堂ヶ島遊歩道
← 一周50分
沢田公園
← 40分
安城岬
← 一周90分
安城岬ふれあい公園

KOURA

子浦日和山コース

南伊豆の秘境子浦で、迫力ジオ体験

古くから漁業や海上交通が盛んであった伊豆の港には、天気模様を見るための“日和山”という地名がついた山をよく見かける。子浦の日和山も、風待港として栄えた妻良の港内を一望できる大切な場所だった。

文・高橋秀樹

キラキラは斜長石

course ③

難易度	★★☆☆☆
歩行時間	約1時間30分
歩行距離	約2km

子浦観光協会の駐車場から徒歩で約25分、南伊豆東海バスの落居口バス停からほど近いところに「子浦日和山遊歩道」の案内板がある。案内板の脇からヤブツバキなど照葉樹が茂る舗装の小道をしばらく登っていくと、ぱっと視界が開け、複雑な海岸線や小島が眼下に広がる。

眺望のいい子浦の日和山は標高117m。その名前が示すように、日和(天気)を見るための山である。かつてはこの山から風向きや潮の流れを調べ、船の航行に役立てた。〝日和見〟という言葉は今ではあまり良い意味では使われないが、もともとは気象観測用語。伊豆半島には日和山と名のつく山が9つほどあり、全国に80箇所あまりあるという。

ジオガイドの仲田慶枝さんが「ちょっと見せたいものが」とミカン畑の脇をすり抜けるように進むと藪の中に一本の石柱が立っている。日和山の方角(位)石だという。頭の半分近くが欠け、方位を示す文字は読み取れなかったが、コンパスの円と側面には〝明治八年〟という文字がしっかり刻まれていた。この山は少なくとも明治初期までは〝日和見〟の役割を果たしていたということだ。

ころばし地蔵に向かう途中に現れる絶壁。水底土石流と火山灰層が何層にも重なって、迫力満点

認定ジオガイド
仲田慶枝さん

西伊豆在住の仲田さんは、とても明るくて気さく。洗練された話しっぷりが魅力で、一緒に歩くと、ついこちらまでおしゃべりに。グルメやお土産のことも聞いてみよう。忙しい仕事の合間を縫って、日々精力的に活動中。

1

2

3

1.日和山の方角石 2.火山灰の地層。次々に変化する地層を楽しみながら歩く 3.ものすごい迫力の蛇下り。写真では点のようだが、ちょうどカヤックの一団が海からの蛇下りを鑑賞中。海からの景色はまた格別だそう

出発して10分あまりで広々として眺めのいい草原に出る。かつては灯台として使われた「ひよみの灯」があった場所で、このコースの絶景ポイントのひとつだ。視線の先には恐竜の爪を思わせる岩壁が海に落ち込み、目を転じると、地層がむき出しになった断崖がそそり立つ。仲田さんの話などを大ざっぱにまとめるとこうだ。伊豆半島がまだ海の中だった約1000～200万年前、割と浅い海で火山活動があり、その後の隆起によって地上に姿を現した。それから長い時間をかけた浸食によって姿を変えながらも海底火山活動の痕跡が眼前で見られるエリアなのだという。

圧巻は、昔から「蛇下り」と呼ばれる、地層を断ち切るように縦に伸びる一筋の紋様だ。「海底にたまっていた火山灰や土石流の地層の亀裂を押し広げマグマが上昇してきた痕跡で〝岩脈〟といいます」（仲田さん）。整然と積み重なった地層を割って貫くマグマは黒々と縁取られ、細かな亀裂は、蛇のうろこそっくりだ。海面から見上げるとちょうど大蛇が下っているように見えるのだという。先人の観察眼には感心させられる。

眺めのいい草原を後にして、鋸の歯のようにギザギザした海岸線の水際へと下る。断崖の脇をすり抜けるように石段を下りていくと、美しい縞模様をした崖が目に飛び込んできた。「バームクーヘンみたい」と誰かがいう。確かに木の年輪のようだ。触ってみるとざらついている。「海の底に降り積もった火山灰や白い軽石の地層で、波や海流の作用を受けながら波紋のような複雑な模様が刻まれた」（仲田さん）それにしても自然の造形美には驚かされ、うっとりさせられる。

さらに波打ち際へと進むと、歩道の両側に高さ10m以上ありそうな岩壁が迫ってくる。しかも岩壁はひさしのように突き出したオーバーハング状態なのだ。長年かけて岩がくっつきあった崖は見た目よりは頑丈で、岩が落ちてくるような状況ではないが、いざというときに備えて、できるだけ安全な場所を歩きたい。しかし、ここを通らねばころばし地蔵へは行けない。さっさと通り抜けて、安全なところから岩壁を見上げると、美しい縞模様の地層に混じって大小のおびただしい石を埋め込んだような分厚い地層がひ弱な人間を見下ろしている。海底火山の噴火の際に石と砂がかき混ぜられた土石流が積もって固まったものなのだという。火山の計り知れないダイナミズムを体感できる景観だ。

水際を離れ、眺望のいい地蔵鼻に上がる。ここには「ころばし地蔵」という変わった名前のお地蔵さんが3体ある。その名前の由来は江戸時代までさかのぼる。かつて海上の道の往来が盛んだった時代。子浦は風待港としておおいに賑わい、遊郭《ゆうかく》もあった。そんな遊郭の女たちが客を

1

2

1. 鏡穴へ向かう途中。数カ所、厳しい登りが。短いコースだがサンダルは不可 2. ころばし地蔵は相当に遊女に転がされたのか、駿河湾からの風のせいなのか、かなり風化が進んでいた 3. 鏡鼻に向かう途中の磯で見つけた石。海底を虫が這った跡がそのまま化石として残っている

3

ころばし地蔵への道は危険なところも多いためヘルメットの着用を強く勧める

少し恐しげな場所ゆえに
先人たちが観音様をすえ、
信仰の場にしたのだ

4

6

5

4. 虫が這った跡の化石があった磯。ここは磯遊びにはもってこいのような静かな入り江で、小さな子どもたちなら、一日いても飽きなさそうだ 5. 鏡穴の展望台。あいにくの曇り空だが、一服するには気持ちのよい場所。地元の人にいただいたみかんを食べる 6. 弁財天を祀った社を上がると、崖が覆いかぶさって半洞窟のようになった場所に三十三観音石仏がある。度重なる落石によってほとんど石のかたまりのようにしか見えない観音様もいる。頭上に充分注意して見学しよう

引き止めるために、この地蔵を転がした。地蔵を転がすと風が変わって海が荒れ、船出をした船が戻ってくるというジンクスがあったからだ。罰当たりをご利益にするという遊女たちの知恵。西林寺の看板によると坂本龍馬も子浦で〝風待ち〟をしていたという記録があるようだ。3体のお地蔵さんは目鼻立ちもわからないくらいにボロボロ。そうとう遊女たちに転がされたのかもしれない。が、それだけではないらしい。

この地蔵の石は地元産の伊豆石なのだ。火山の贈り物でもある伊豆石には大ざっぱに安山岩系の硬い石と、凝灰岩系の柔らかい石がある。ここの石は海底火山から噴出した溶岩が崩れてたまった地層の下に火山灰が固まった凝灰岩系。石材としては軽く柔らかくて加工しやすいが、風化しやすいという欠点もある。そういうジオ的視点でお地蔵さんを眺めると、また味わいも変わってくるというものだ。このコース上にも、小さな石丁場が残っており、切り出した石材が無造作に転がっている。

地蔵鼻を後にして鏡穴《かがみあな》へと向かう途中に磯遊びが楽しめそうな小さな浜がある。ここにも太古の火山活動の名残りである土石流の痕跡などがゴロゴロ。そんな中に、ミミズが這ったような模様を残す石が目に入った。「このニョロニョロはなんでしょうか」。「うーん、はっきりしたことは分からないけど太古に生きていたゴカイの仲間みたいな生物が這い回った跡じゃないんでしょうかね」――そんな話で盛り上がる。太古への想像力を掻き立てる磯である。

鏡穴の展望台から、深く入り込んだ子浦の湾内を眺めながらひと休み。ここから山道を登って「子浦三十三観音」へ。「西国三十三ヶ所」の観音霊場を模した三十三観音の石仏群が並んでおり、じつはこのエリアのジオポイントである。理由は、一目瞭然。先に見た覆いかぶさるような土石流地層の真下に、伊豆石の観音さまが並んでいるのだ。この岩壁の下に観音さまを安置した先人に話を聞いてみたい気がする場所だった。

三十三観音の周りはウバメガシの群落地でもある。備長炭の炭材として知られている木だけれど、ここでは魚を呼び寄せる魚付き林として大事に守られてきた。そんなウバメガシの林を下ると子浦の集落だ。静かに波が打ち寄せる子浦には、かつての繁栄を物語る神社仏閣が、ひっそりと苔むしている。

access

【往路】【復路】伊豆急下田駅→バス50分→子浦（復路も同じ）
または、乗用車で下田駅から50分→子浦観光協会に駐車

オススメ point

西林寺

阿弥陀如来を本尊とする浄土宗の古刹で、14代将軍家茂のお手植えの松がある。詩人の石垣りんのお墓があることでも知られている。毘沙門天も祀られている。

コースガイド

子浦 ← 25分 落居口 ← 25分 ころばし地蔵 ← 10分 鏡穴 ← 15分 三十三観音 ← 10分 西林寺 ← 10分 子浦観光協会駐車場

MINAMIIZU

伊豆半島の中でもっとも奥地にあるこのエリアは、
眼前に広がる太平洋と真っ白な砂浜、壮大な石丁場など、見どころがたくさん。
野性味あふれる景観を満喫しよう。

入間・吉田／石廊崎・中木／タライ岬
須崎・爪木崎／下田市街

IRUMA

入間～吉田コース

ダイナミックな景色の連続に大興奮

“南伊豆最後の秘境”ともうたわれる千畳敷。日本ではないような不思議な場所。吉田へ向かう海岸線は、絶景が現れたり隠れたり。知らなかった南伊豆の魅力がまたひとつ増えた。

文・高橋秀樹

course ④

難易度　★★★★☆
歩行時間　約2時間45分
歩行距離　約4km

星降る音まで聞こえそう!

2

3

1

1. 入間港の朝。9月に入りレジャーシーズンも終わっていたため、港はとても静かだった 2. 入間港の脇にあった神社。石段は伊豆石で、岩をくり抜いた祠がある 3. 千畳敷に向かう途中で大日如来の石碑を見つける

7

私たちを出迎えてくれるかのように いろいろな生物に出会う山道

4.5.6.7 入間港を出ると、やや急な山道をしばらく上る。「冬は西風が強く、上りでへとへとになる」と、ジオガイドの武田さん。途中、アカテガニやカナヘビ、カタツムリなどの生き物を発見。アカテガニは海岸近くの森に住むカニ。名前はヘビでもカナヘビはトカゲの仲間

4

6

5

お寺の鐘の音で目が覚めた。時計は5時過ぎ。テントを這い出すと東の空が白んでいたが真上には三日月が残っていた。入間の浜に出ると、群青色の海から小さな入り江に戻ってくる漁船がある。風はなく、浜に打ち寄せる波も穏やかだ。ふと、漂白の俳人・種田山頭火が伊豆を旅したときに詠んだ〈伊豆はあたたかく野宿もよろしい波音も〉という句が浮かんできた。南伊豆町入間は、明治半ば頃までは妻良《めら》や子浦と同じように風待港として賑わっていたという。いまは釣り客や海水浴客相手の民宿やキャンプ場が何軒かある静かな集落だ。

入間バス停から港の西側に歩いていくと「南伊豆歩道（吉田～入間コース）」の案内板がある。近くには魚供養塔があり、凝灰岩の伊豆石を積んだ石段の上に鳥居が見える。石段を登っていくと鳥居には社名もなく、石丁場のような石窟に小さな祠があった。何を祀ってあるのか分からないが、素朴な信仰の匂いがある。

コース案内板を起点に登り始めるとシイやカシ、ヤブツバキ、メダケが生い茂る薄暗い照葉樹の森に入る。森が豊かなほど生き物も賑やからしく、道中ではカニ、カタツムリ、カ

かつてこの大地と海から石を切り出した人々がいた

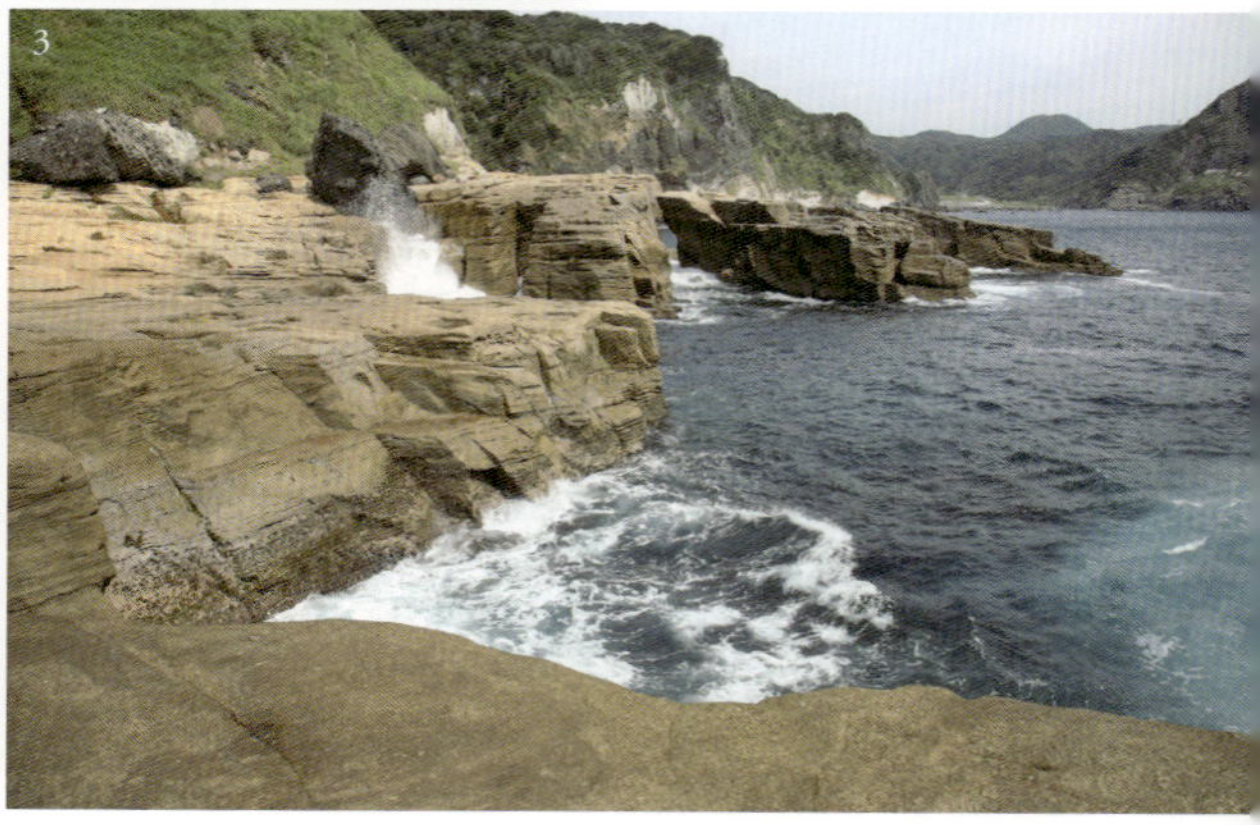

1.2 吉田への分岐点から千畳敷へ下りて行く。つづら折りの急な坂道、断崖にへばりつくような階段など、苦労して下りた先には絶景というごほうびが待っている 3. その名前のように、広くてフラットな岬。時おり波しぶきが背の高さを超えて上がる。石を切り出した跡がまるで古代遺跡のよう 4. この黒い巨岩は一体どこから転がってきたのだろうか

ナヘビが次々と現れ、飽きることがない。また途中には「大日如来」の石碑がたっており、この山道が〝信仰の道〟だったことをうかがわせる。

出発して20分ほど山道を歩くと林道らしき舗装路に出る。しばらく進むと舗装路の終点で「千畳敷0・3㎞」の道標が現れ、再び、山道に入る。やがて視界が開け、眼下に荒々しく複雑な海岸線が現れた。急峻な斜面の遊歩道を下り、波打ち際を進むと、同行者の「何これ！」「凄い！」という声。入間の港から約40分。目の前に千畳敷の絶景が広がっていた。

その光景は、伊豆が本州に衝突する前の約1000〜200万年前に浅い海で火山活動をしていた時代の記憶だ。衝突後に地上に姿を現し、気の遠くなるようなときを経て波や風雨によって浸食された風景なのである。

三ツ石岬の断崖を見上げると美しい地層が広がる。「海底に降り積もった火山灰や軽石でできている地層です。石の混じった黒っぽい地層は、海底火山から噴出した溶岩が水に冷やされバラバラに砕けた水冷破砕溶岩」とジオガイドの武田仁志《まさし》さん。その美しい縞模様の地層を断ち切るように上に伸びる黒々としてひび割れた異様な地層がある。柔らかい火山灰の地層を割ってマグマが上昇した痕跡で「岩脈」だという。海岸には山から転がり落ちてきたと思われる美しい紋様を持つ巨石が座っており、まるでオブジェだ。

千畳敷は、その名前のように広く平たい岩のテラスだ。これも海底火山の時代に、火山灰が降り積もってできた地層で、波に洗われた波食台である。テラスには、ところどころ人工的に切り取られた跡が残る。かつての石丁場だ。いつ頃まで石を切り出していたのか武田さんに尋ねると「入間地区の小学校の通学路の敷石をつくるために切り出したと聞いています」というから、それほど昔のことではないようだ。遠い未来、仮に千畳敷が海に沈んだとしよう。子孫たちは「海に沈んだ古代遺跡発見」と騒ぐかもしれない。

一日中でも眺め、味わっていたい風景だが、先に進まなければならない。いったん林道の「千畳敷0・3㎞」の道標まで戻り、林道脇から吉田を目指して再び照葉樹の山道に入った。道標から20分ほど登っていくと高台に出て、右手の眼下に小さな岬が抱え込むようにした吉田の浜が見える。同行者が「もう

5

6

7

5.6 千畳敷を後にして吉田へと南伊豆歩道を行く。前方下に見えるのは吉田の浜。まだまだ遠い 7. 海辺や海岸近くの山に咲くハマカンゾウ。山の中で濃いオレンジ色が映える 8.9 富戸の浜には風と海流の影響でゴミを含めた漂流物がたくさん打ち上げられていた。このあたりは火山の根の外側にあたり、マグマが冷えて固まった痕跡が崖に見られる

8

9

すぐなんだ」とホッとしたように呟いたが、見た目より先は長かった。

見晴らしのいい高台から急斜面のカヤの原を下っていく。途中に「足元注意、落石注意、横風注意」という看板。〝横風注意〟って何だろう。「この辺りは、冬場は西風が強くて、なかなか前に進めないくらいなんです」と、武田さんの仲間の一人がいう。季節が幸いしてほどよい潮風に吹かれ、下ったとこに小さな浜があった。富戸《ふと》ノ浜だ。砂浜ではなく、小石に覆われたゴロタ浜。浜には流木やペットボトル、野球ボール、ブイといった物が打ち上げられている。海流の影響で物が集まりやすい海岸なのだという。海岸に立って海を眺めていると足元でカラカラと小石の鳴き声がした。

富戸の浜から吉田を目指すが、いきなりの急坂である。かつての海底火山の痕跡をよじ登る急登だ。ハーハー、ゼイゼイ息を切らせ登っていくと20分弱で見晴らしのいい高台に着く。そこからはいい眺めがあって、三ツ石岬の西側が見える格好だ。高台からあとは下りで、吉田の浜に着いたのは入間を出てから4時間ほどたってからである。吉田は戸数10数戸という静かな集落だ。吉田の浜は

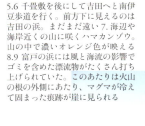

険しい上りのつらさも絶景で吹き飛ぶゴールはもうすぐ

1

アトラスアウトフィッターズ
武田仁志（まさし）さん
伊豆半島をメインにプロのシーカヤックガイドとして活躍する。シーカヤック、トレッキングを楽しみながらのジオツアーなど、ひと味違うツアーを企画する。「海から眺めるジオポイントも迫力満点でおすすめです！」

3

2

1. 富戸の浜〜吉田のピーク。三ツ石岬が美しい。このあたりは西風が強いので、風が強い日は飛ばされないように注意 2. 安産と航海安全の神様を祀る吉田の白鳥神社 3. 樹齢 800 年、根回り 4 m 以上ある県天然記念物の大ビャクシン

夏場には海水浴場になるが、南伊豆のなかでも穴場の海岸だという。

海岸から5分ほどのところに白鳥《しらとり》神社がある。草むした参道をたどっていくと神社の登り口に異形の巨木が立ちはだかった。幹周り4m、樹高10m、推定樹齢８００年のビャクシンである。その曲がりくねった枝ぶりは巨大生物を連想してしまう。伊豆石を積み上げた石垣は立派で、石段を登ると境内にはビャクシンやソテツが葉を茂らせる独特の雰囲気がある。白鳥神社は日本各地にあるが、日本武尊《やまとたけるのみこと》の伝説に因むものが多いという。この神社の創建ははっきりしていないらしいが日本武尊とその妃である弟橘姫命《おとたちばなひめ》を「航海の安全」と「安産」の神様として祀ってある。

ここでは、安産を祈願するとき、夫婦でおみくじを引き、無事に生まれたら小穴を開けた柄杓《ひしゃく》と麻紐《あさひも》を持ってお宮にお礼のお参りをする、といった一風変わった習わしがあるという。安産祈願は別の話として、無事に歩き終えたお礼の参拝をし、吉田を後にした。

access

【往路】伊豆急下田駅→入間口バス停から徒歩【復路】吉田口バス停→伊豆急下田駅（バスは1日数本なので入間か吉田への宿泊、またはタクシー利用がお勧め。）

オススメ point

海蔵寺前の断層

火山灰と軽石等が堆積した後、地殻の変動で地層が引っ張られてできた断層。左右のズレが鮮明。入間の海蔵寺は明治7年、入間沖で座礁沈没した仏の貨物船ニール号の慰霊碑があるお寺。

コースガイド

入間 →40分→ 千畳敷 →60分→ 富戸の浜 →60分→ 白鳥神社 →5分→ 仲木集落

IROUZAKI

石廊崎〜中木コース

太古の海底火山の名残を追いかけて

伊豆の最南端、石廊崎をスタートして中木の港を目指す。伊豆半島の海底火山時代から
陸上火山時代まで、半島の歴史がわかる雄大な景色が広がっている。
荒々しさと、どこか懐かしく、心打たれるような眺めは、いつまでも心に残るだろう。

文・高橋秀樹

course ⑤

難易度　★★☆☆☆
歩行時間　約1時間30分
歩行距離　約3km

のどごしシャキッ!!
ところてん

石廊崎港に人影はまばらだったが、波止場には土産物屋が店開きしていた。店のお婆さんに尋ねると「遊覧船乗り場だからね」という。この小さな漁港は石廊崎岬めぐりの遊覧船の発着場にもなっているのだ。狭くて奥行きの深い静かな入江は、海運の盛んだった帆船時代には風待港でもあった。

さて、われわれがまず目指したのは伊豆半島最南端に位置する石廊崎だ。港を左手に見ながら整備された歩道を登ることおよそ20分。明治4年（1871）に点灯したわが国で10番目に古い石廊埼灯台だ。その脇の歩道を下っていくと、波洗う複雑な海岸線と太平洋が一望できる。そして、一行の眼を釘付けにしたのが断崖絶壁に鎮座する石室《いろう》神社である。社殿はひさしのように突き出した大岩の真下に建っており、おまけに床下は櫓《やぐら》組みで、上から覗くと不安になる。古神道の「磐座《いわくら》信仰」を想起させられる佇まいだ。櫓の梁には千石船の帆柱が使われていると伝えられ「伊豆七不思議」のひとつ。

この神社の創建ははっきりしないが、山岳宗教（修験道）の開祖といわれる役小角《えんのおづぬ》（634〜701年、役行者とも呼ばれる）が大宝元年

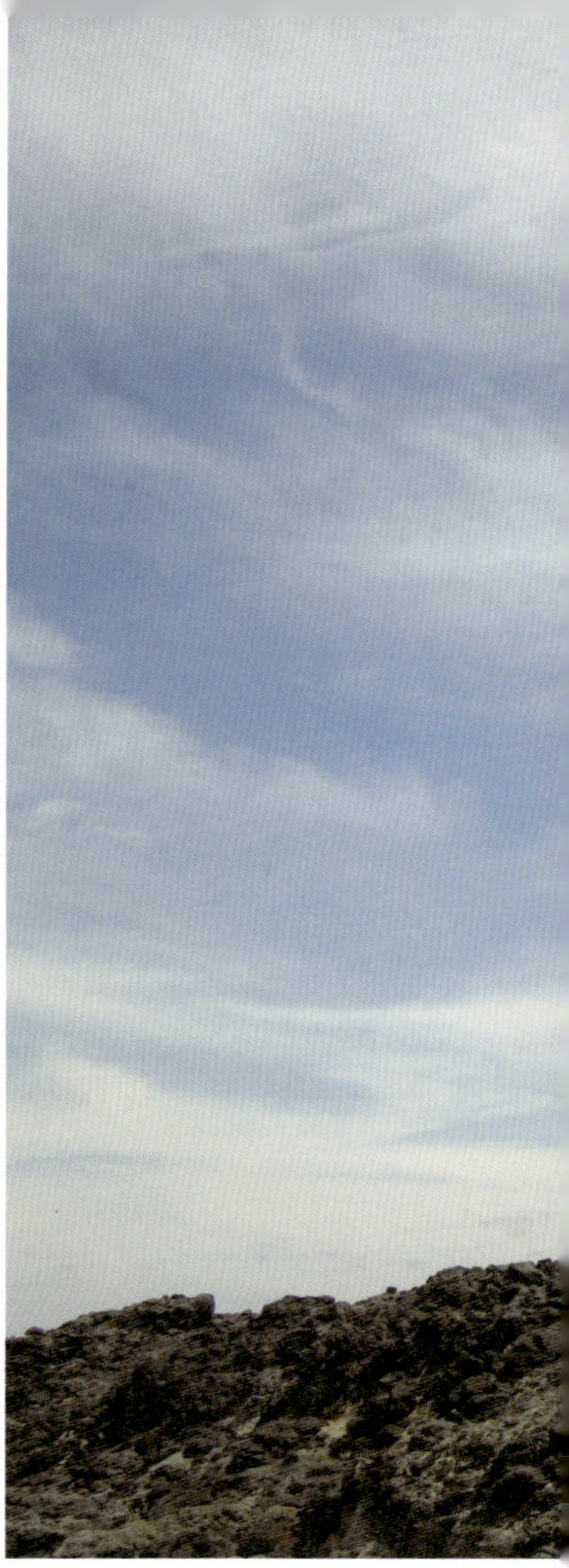

1. 古くは長津呂湊といわれた石廊崎港。長く奥まった湾なので"長津呂"という名が付いたという。帆船時代の風待港として、また石室権現の門前港として重要な港だった 2. 石室神社へ向かう道すがら、白、ピンク、赤い色が混じったハコネウツギが可憐な花をつけていた 3.4 石廊崎の最突端。手前が熊野神社の祠で、そのずっと後方に見えるのが石室神社。熊野神社は縁結びのご利益があるとして、パワースポット流行りの最近は若い人たちにも人気が出ている

（701）、十一面観音を祀ったのが始まりとも伝えられる。奈良の葛城山や大峰山で超人的修行を積んだが役小角は文武天皇3年（699）、「呪術を使い、人心を惑わしてけしからん」と伊豆大島に流された（『続日本記』）と伝えられ、南伊豆を中心に伝説を多く残す人物だ。古くから、石廊崎沖は波が荒く岩礁の多い海の難所で、石室神社は、航海の安全を見守る神様でもある。

石室神社から少し進むと伊豆半島の南端である。眼下に、役小角が空を飛び蓑を掛けたと伝わるみのかけ岩が見え、その先に灯台が建つ神子元島《みこもとじま》があり、さらに伊豆の島々が霞んでいた。

こんな伝説がある。その昔、長津呂の名主の娘と漁師が恋に落ちたが、身分が違うと反対され、漁師は神子元島へ流されてしまった。離れ離れの二人は毎晩火を焚きあって愛を確

明治4年（1871）に英国人ブラントンが設計した石廊埼灯台

かめ合い、最後はめでたしという話だが、娘が火を焚いたところが石廊崎の突端で、そこには熊野権現が祀られ縁結びの神様になっている。

ジオ的にいえば「石廊崎一帯に広がるごつごつした岩は、海底火山から噴出した溶岩が水で急激に冷やされればりばりに砕けてしまったものです。〝水冷破砕溶岩〟といいます」とはジオガイドの倉原卓也さんだ。これらの岩には蜂の巣のようなぼこぼこした大小の窪みが見られる。「タフォニ」と呼ばれる窪みで、水に溶けていた塩が水の蒸発とともに結晶化し、その結晶が成長して岩が壊されて出来たものだと考えられている。石室神社を飲み込むような巨大な窪みもタフォニだという。

われわれは、ウバメガシやヒメユズリハなどの照葉樹が茂る、気持ちのいい小道を下って海岸に出てみた。そこは水冷破砕溶岩の格好の観察地といった光景で、耳を澄ませば、海底火山から流れ出した溶岩が砕けるばりばりという音が聞こえそうな気さえする。

さて、国道を車で移動して南伊豆町ジオパークビジターセンターへ。雄々しい岸壁と海が美しい絶景ポイント「あいあい岬」から、ユウスゲ公園へと歩いた。一帯は「池の原」とも呼ばれるなだらかな草原で、奥石廊を一望できる丘には7月～8月にかけて自生するユウスゲの群落が見られる。石廊崎とは打って変わってどこか優しい感じの風景だ。「この丘は伊豆が本州に衝突して半島になった後の40万年前頃に活動した南崎火山の噴出物が降り積もって埋め立てられたものです」（倉原さん）と見せてもらったのがスコリアと呼ばれる噴出物。空気に触れて鉄分が酸化し赤茶けているのが海底火山ではないという証拠だという。

ユウスゲ公園から県道16号線を石廊崎方面に少し戻ると長津呂歩道のコース案内板がある。ここから中木集落へと向かって歩いた。しばらくは見晴らしのいい草原と潅木の道を登っていくと小さな看板が目に入った。そこには「中木の方角石跡」とある。帆船時代に、見晴らしのいい高台に置かれた方角石は航海のための道具であり、方位が示されていた。伊豆石でつくられた方角石は、いまは南伊豆郷土館に移されている。

さらに進むと照葉樹が生い茂る薄暗い森の小道になり、路傍に四国八十八ヶ所供養塔や野仏が風化し、ツタが絡まり、苔むしていた。木々

1

2

3

1. 奥石廊崎の海岸の水冷破砕溶岩。海底火山が噴火し、海底に噴出した熱い溶岩流が冷たい海水に触れて急冷される際に、ひずみによってこなごなに砕け、岩片や塊の集合体となることがあるが、これを水冷破砕溶岩という 2. 絶壁と岩礁が連なる奥石廊崎 3. 国道から折れて、草原の長津呂歩道を中木へ向かう

の茂る山の斜面に目を凝らすと、石廊崎で見た水冷破砕溶岩のタフォニが大きな口を開けており、斜面をよじ登ると、その自然の祠のなかにいくつもの供養塔が供えられている。石碑の肩に番所がふられているところを見ると四国八十八ヶ所巡礼に見立てたものかもしれない。「まるでジャングルの遺跡探検みたい」と誰かがいった。

　長津呂歩道はいったん県道16号線に出るが、すぐに歩道に戻る。途中に、石丁場跡が巨大な口を開けている。歩道から覗き込むだけでもかなりの迫力だ。石丁場から少し下ると中木の集落は目の前だ。江戸後期、妻良や子浦とともに風待港として栄えた中木はいまは静かな漁村だが、

4

5

6

4.圧倒されるほど大きな岩のまわりに四国八十八ヶ所供養塔がいくつも祀ってあった 5.巨木が倒れて道をふさぐ。真横に倒れ、根がむき出していても、緑の葉をつけて生き続ける木の生命力に驚く。映画「もののけ姫」に出てくるようなコダマ（木霊）が、いまにも顔を出しそう 6.四国八十八ヶ所供養塔。いまは誰も管理する人がいないのだろうか、かなり荒れ果てた様子だった

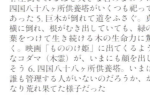

1

1. 海底火山のマグマの通り道・火山の根と、マグマが冷えて固まる際、体積が縮むことでできた柱状節理。ものすごい迫力で、いまにも穴に吸い込まれそう 2. 中木の港付近。シュノーケリングに人気の、陸路では行けないヒリゾ浜への渡船は中木港から出ている

2

ここはタイムトンネルの入口？それとも出口？穴の向こうは火山の時代

クラランアウトドアズ
ガイド倉原卓也さん

ニックネームはクララさん。周囲の人をいつも笑わせてくれるムードメーカー。シーカヤック、トレイルランニングなど、伊豆半島の恵みを全身で感じる体験メニューを提供する。

ジオサイトとしてはなかなか面白いエリアだという。

中木の波止場をぐるっと回り込んだ先に、それは突如として現れた。高さ数十メートルはありそうな岩山だが、その岩肌は鋭利な刃物で切れ目を入れたように整然と柱状の亀裂が走っている。この岩山は、地下深くから上昇してきたマグマの通り道が地殻変動などによって地上に姿を現した「火山の根」であり、その柱状の亀裂は、マグマがゆっくりと冷えて固まる際の収縮によってできる「柱状節理」なのだという。自然界では物が冷やされ縮むと3方向に割れていく性質があり、きれいな六角形をした石柱も見られた。岬を回りこむと柱状節理にぽっかりと穴の開いた奇岩に遭遇。世界遺産で柱状節理の景勝地であるイギリスのジャイアンツ・コーズウェイ（巨人の石橋。フィン・マッククールという巨人伝説から名付けられた）海岸に対抗して、こちらは「ダイダラボッチのおしり」と名付けてもよさそうなほどの奇岩だ。

自然の造形は、かように信仰の対象になり、伝説を生む源なのだ。

access

【往路】伊豆急下田駅→バス 40 分→石廊崎【復路】
仲木→バス 50 分→伊豆急下田駅

オススメ point

南伊豆ジオパークビジターセンター

平成 31 年にオープンした石廊崎オーシャンパーク内にあるビジターセンター。石廊崎の絶景を楽しめるスポットとして人気。トイレやフードコートもあり、土産物も売っているので、休憩するのにぴったり。

コースガイド

石廊崎港 → 15分 → 石廊埼灯台 → 10分 → 石室神社 → 10分 → 石廊崎測候所 → 10分 → 海岸へ → 15分 → 石廊崎港 → 20分 → …車移動… → あいあい岬売店 → 30分 → 長津呂歩道 中木コース入口 → 30分 → 中木集落

TARAIMISAKI

タライ岬遊歩道コース

神秘の世界が広がる龍宮窟

下田の田牛から南伊豆の弓ヶ浜まで、海岸線をたどる旅。
海と空がまぶしいタライ岬。弓ヶ浜、龍宮窟、サンドスキー場など、
観光スポットも含めたジオサイトを満喫しよう。

文／編集部

course ⑥

難易度　★★★☆☆
歩行時間　約2時間30分
歩行距離　約3.5km

下田市の鍋田浜から南伊豆町の弓ケ浜にかけては、美しい小さなビーチが点在する伊豆の知られざるリゾート地だ。縄文時代から人が住んでいたといわれる古い地域で、多々戸、金原、など鉄に関係する地名が多く残り、製鉄が盛んに行われていたそうだ。「磁鉄鉱が細かく砕けた砂鉄が採れていたようで今でも弓ケ浜や吉佐美は白浜に比べると多少砂が黒っぽいのです」というのは、南伊豆のジオガイド齊藤武さんだ。今日の歩きはこのエリア最大級のビーチ、吉佐美大浜から3㎞ほど南下した田牛《とうじ》に始まる。まずは、自然のサンドスキー場があるというので行ってみることにした。夏の日差しが照りつける中、海岸への降り口に立つと、約30度という急傾斜の真っ白な砂の坂が現れた。強い風で吹きつけられた砂が積み上がってできたもので、近隣の民宿などでソリを借りて（有料）

上からみるとくっきりハート！

1

3

2

1. 田牛のサンドスキー場周辺では、海底から噴出した溶岩流や水底土石流などが観察できる。岩には伊豆石を切り出した跡があった 2. 水底土石流の堆積層に貫入した岩脈 3. 強い風により吹き寄せられた砂が幅 100 m におよび積み上がった天然のサンドスキー場。砂山とはいえ、足元は割と固いが、30 度の傾斜を登るのはかなり厳しい 4. 光と影で神秘さを増す龍宮窟 5. 龍宮窟の中でポットホールを見つけた 6. 竜神様を祀る龍宮神社は、洞窟の天井を 1 周できる道沿いにある

4

5

6

滑ることもできる。ちょっとだけ駆け上がってみると、思った以上の急坂で砂に足が取られてしまった。さて、このサンドスキー場のすぐとなりには、最近ではラブパワースポットとしても知られるジオポイントの龍宮窟がある。海食洞の天井が一部崩れて、直径50mもの大きな天窓ができたものだ。洞窟のなかに降りると、周囲は黄褐色の火山れきの層が美しい縞模様の壁、ぽっかりと開いた天の窓からは太陽の光が降り注ぐ。足元に寄せる波は満潮になると神秘的な青さを増すのだという。この洞窟は上に登ってぐるりと周辺を歩くこともできる。龍宮窟はもともと天井の穴と、海に面した穴の2つの穴があったので二穴《ふたあな》と呼ばれていた。その後、陸から中に入れるように3つ目の穴が開けられた。上から見降ろすとハート形に見え、ロマンチックだというので、最近では恋人の聖地としても人気急上昇らしい。木々の間に、海の守り神の龍宮神社が祀られていた。

　昭和40年代をピークに、イセエビやアワビの漁と民宿の経営で賑わっていた田牛の集落だが、今はその頃よりはひっそりと静かな雰囲気だ。集落の中ほどにある長谷寺に国の重

1

2

3

4

1.2 長谷寺の木造阿弥陀如来坐。寺伝では12世紀に遠国島の岳浦に漂着したといわれている 3. 田牛海水浴場は波が比較的穏やかで、下田でも穴場的なビーチ。このあたりにはハマユウが自生し、7月下旬から8月中旬にかけて白い花をつけ、県の天然記念物となっている 4. 凝灰岩を手で掘ったトンネル。崩落する危険があるため、上からコンクリートが吹き付けられている。田牛海岸の道路沿いにある

要文化財である阿弥陀如来像があるというのでちょっと寄り道することにした。1180年に遠国島に漂着したという伝説のある木造の如来像だ。平安時代には伊勢神宮の荘園だったといわれる田牛の集落には、黒潮に乗って海からきた文化が残っているとされているのだ。

　田牛の集落を抜け、いよいよタライ岬遊歩道を歩く。手掘りの古いトンネルを抜け、登っていくと、遠国島が見えて来る。この遠国島の尖った頂上には焚き火を焚いた跡があり、他にもこの辺りで奈良時代の土器が多く見つかるなど、古くから人が暮らしていたことがわかる。ここからしばらくは木々の間を歩き、一旦海岸に降りてみる。塩類風化によって岩にたくさん穴が開いたタフォニがあちこちに見られる岩場の磯で、タイドプールには小さな海の生き物がたくさん観られるそうだ。ここからタライ岬の下まで海岸線を行くこともできるが、途中若干の鎖場のようなところがあり、満潮時は多少危険ということで、諦めて遊歩道へ戻る。

　再び木々の間を歩いて登り切ると突然視界が開け、陽射しをさえぎるものがない黄金色のタライ岬に出る。ここから右手には弓ケ浜から続く南

6

5

5. タライ岬遊歩道、高台からの眺め。遠国島が見えてくる 6. 灌木の中アップダウンを繰り返す。夏の盛り、木陰もあったがさっぱり涼しくならない。タライ岬手前で一旦海岸に下りてみる

7. 遠国島（右）は海底火山の一部が隆起したもので、島の北側は切り立った崖だ。半円形を描いた海食洞は「三日月の大洞」という 8.9 タライ岬手前の海岸の岩には、まるで虫に食われたように空いたいくつもの穴「タフォニ」が見られた

8

7

9

伊豆に流刑となった源頼朝が、この地を訪れた伝説も残る

伊豆の海岸線が、左手には荒磯の浜が広がり、三ヶ月の洞と呼ばれる大きな洞窟が口を開けているのが見える。天気の良い日には、南伊豆の蓑掛岩、さらに石廊崎、正面には神子元島、伊豆の七島まで見渡せる。「タライ」という奇妙な地名の由来を尋ねると、「タライという言葉は、ポリネシア語で船の仕上げをするという意味があるらしいんです。南伊豆の「加納」も「カヌー」が語源なんて話もありまして、カヌーを作って仕上げたのがタライかも。そういう話もあるけれど、本当のところはどうなのかわかりません」（齊藤さん）南国の香りがたっぷりなこの地だからこその話だと頷いた。

そしてここからゆっくりと下って、降りたったのは逢ヶ浜。この字を書いて「おうのはま」と読むのだからこの辺りの地名は本当に難しい。ここは奇岩があちこちに突っ立っているような不思議な浜だが、その昔恋人たちが闇夜に紛れて落ち合う場所だったことから、この名がついたといわれている。なるほど隠れる場所には事欠かないなどと口々に言いながら、雀岩、姑岩、エビ穴、など奇岩の名前を一つずつ聞いて歩く。エビ穴の前には、放射状に大きな柱状

12

10.11 タライ岬に到着。水平線が緩やかなカーブを描き、地球が丸いことを実感できる。岬の先端では6世紀頃の土器が見つかり、祭祀遺跡とも言われている 12. 弓ヶ浜まであともう少し。階段がまじる下り坂だ

10

11

奇岩が並ぶ逢ヶ浜
不思議な柱状節理で
お釈迦様ごっこ

1

2

3

節理が出来ている。舞台状になったこの場所は独特の面白さがあり、中心部に立てば、まさに後光のように柱状節理を背負うことができる。この逢ヶ浜は磯遊びにももってこいで、岩場にはいたるところに小さな生物を観察できる。逢ヶ浜を抜けてほんの少し車道を歩けば弓ヶ浜だ。険しい断崖が立ち並ぶ南伊豆の海岸線上にあって、1200mの弧を描く美しい海岸は、かつては風待港として栄えた場所だ。青野川に流されてきた砂粒が海流に流され、帯状に溜まってできた砂嘴という地形なのだが、そんな難しい話はともかく、この美しい曲線とさざめく波の音にずっと浸っていたい…と思う浜辺であった。

1.2 弓ヶ浜海水浴場の隣にある逢ヶ浜には、雀岩、姑岩、エビ穴といった奇岩がある。ハイヒールのように穴があいているのはエビ穴 3. 海底土石流などの地層を貫いたマグマの中にできた放射状の柱状節理。真ん中に立つとまるで後光がさしているように見える 4. 名前の通り、弓の形に美しく弧を描く弓ヶ浜。1200 mものロングビーチで異国情緒漂う

4

access

【往路】伊豆急下田駅→バス10分→吉佐美→徒歩60分→田牛、またはタクシー利用【復路】休暇村バス停→バス25分→伊豆急下田駅またはタクシー利用

オススメ point

若宮神社の大楠

弓ヶ浜海水浴場の手前、国民休暇村の隣にある神社の楠は、樹齢800年とある。境内には楠の他にも巨木が多い。若宮神社では、毎年11月に秋祭りが開催され、伝統芸能の獅子舞による神楽が奉納されるという。

コースガイド

田牛サンドスキー場 → 10分 → 龍宮窟 → 30分 → 長谷寺 → 100分 → 逢ヶ浜《おうのはま》 → 10分 → 弓ヶ浜

SUZAKI

須崎爪木崎コース

1千万年前の大地のパワーを感じて

地層の美しさにおいて伊豆半島の中でもトップクラスの恵比寿島、とてつもないスケールで柱状節理が連なる俵磯。静かなイメージを持つ須崎・爪木崎だが、大地の記憶をとどめるワンダージオエリアだった。

文・高橋秀樹

course ⑦
難易度　★★★☆☆
歩行時間　約4時間
歩行距離　約4.5km

ブルーの空に映える
爪木崎灯台

伊豆半島には、唯一もうひとつ〝半島〟と呼ばれる岬がある。下田の須崎半島だ。皇室の須崎御用邸があり、スイセンの群生地として知られる爪木崎がある大きな岬だ。下田の街を抱きかかえるように天然の入り江をつくる須崎半島がなかったら江戸時代、下田は風待港として栄えただろうか。安政元年（1854）、日米和親条約による下田開港はあったのだろうか。そんな妄想を掻き立てるほど地勢的な存在感のある半島だ。なにより、須崎半島はジオポイントの宝庫でもある。

爪木崎のグリーンエリア前バス停を起点に向かったのは爪木崎ではなく九十浜だ。舗装路を下ると白い砂浜が現れる。下田のなかでは穴場的な海水浴場だという。浜の脇には海

1

上．オオシマハイネズは幹が四方に枝分かれしながら地を這って大群落をつくる　下．岩盤の亀裂の中に高温の温泉が入り込み、化学変化を起こして水晶（石英）となった

まるでグランドキャニオン タカンバ岬の 荒々しい赤い岩肌

2

3

1. タカンバ海岸は、地下で起こった熱水の活動により赤みを帯びた岩になった。イソギクの開花時期 11 月に来ると、岬一面がお花畑になっているという 2. 地元の人は九十浜を「くじゅっぱま」と呼ぶ。昔セミクジラを獲ってこの浜で解体していたことからクジラ浜がなまって「くじゅっぱま」と言うそうだ 3. 冬になると 300 万輪の水仙で埋め尽くされる爪木崎。毎年 12 月中旬から翌 2 月まで『水仙まつり』が開催され、一足早い春を届けている

爪木崎の西側海岸にある俵磯。整然と積み重なる柱状の岩がそびえ立つ様は異様な光景

岸沿いに遊歩道が整備されており、気持ちのいい潮風に吹かれながら九十浜から30分ほどでタカンバ海岸に着いた。タカンバとは〝高い場所〟という意味で、なるほど見晴らしのいい海岸だ。その高台はイソギクの群落地で、晩秋の花期にはお花畑になるという。またオオシマハイネズや希少なイズアサツキ(花期は初夏)などが目を楽しませてくれる。

須崎半島は１０００～２００万年前の海底火山の痕跡を残すジオサイトだが、それにしてもタカンバ海岸一帯の岩肌は「グランドキャニオンみたい」と同行者が言ったほど赤茶けていた。ジオガイドの齊藤武さんに尋ねると「地下の熱水によって岩が化学変化をおこして赤茶けた」のだという。地下の熱水は温泉として湧き出したり、ヒトを惑わしたりする金や銀といった鉱物を生み出す。戦前、須崎にも鉱山があり金、銀、硫化鉄を産出していたと聞く。目の前の赤茶けた岩の亀裂に白い筋が走っており、それは石英だった。

タカンバ海岸から遊歩道を進むと昭和天皇の歌碑がたつ駐車場に着く。眼下に池ノ段と呼ばれる砂浜と灯台がたつ爪木崎が一望できる。「ここから見ると爪木崎が平べったい海岸

1. 爪木崎西側の俵磯へ向かう。海岸に下りて左が俵磯、右に行けばプレーリードッグ岩がある 2. 六角形が美しい柱状節理

1

2

「ダイヤモンドヘッド」とペリーが言った 平らな爪木崎の海岸線をどこまでも歩く

段丘（隆起海成段丘）だということがよくわかります」と齊藤さん。須崎半島は海底火山が地殻変動によって地上に姿を現したが、海面近くにあった岩盤が波によって削られ平らになった。それが隆起したのが海岸段丘である。須崎半島を上空から見ると全体的に平べったく、それは波による浸食と隆起を繰り返してきた結果であり、現在進行形でもあるという。

　爪木崎は、夏の海水浴シーズンも終わり、スイセンの花期（12月下旬～2月）には早すぎるとあって観光客はまばらでのどかな空気が流れていた。テングサを干しているお母さんやイセエビ漁の網をつくろっている漁師たちの姿を見ると、ここが暮らしの浜だということを実感できる。のほほんと一軒の茶屋でコーヒーをご馳走になり、池ノ段へと下り、灯台へ続く遊歩道を登る。坂を登りきると平坦な道が岬の突端に立つ灯台へと続いており、あらためて海岸段丘を体感させられる。

　爪木崎の尾根道を灯台とは反対方向に進むと波打ち際が見える高台に出る。眼下にあったのは「俵磯」と呼ばれる磯で、見事な柱状節理が広がっていた。「間近で見られます」という齊藤さんの案内で遊歩道を波打ち際まで下り、柱状節理を慎重によじ登り下った先に絶景があった。柱状節理はマグマや溶岩が冷えて固まるときの収縮によってできる規則正しい亀裂。「ここの柱状節理は、海底火山の噴火で堆積した地層の中にマグマが入り込んで冷え固まったもので、本州と伊豆の衝突にともなう隆起と、その後の浸食によって地上に姿を現した」（齊藤さん）のだという。見事な六角形の石柱は、その形から俵石と呼ばれ、江戸時代には石材として切り出されていたようだ。

　いったん池ノ段方面に戻り「須崎

4

3

7

8

7.8. 恵比寿島の千畳敷の石丁場跡。中央に見える3つの穴に柱を建てて満潮時に船を係留し、石を積み込んでまた満潮時に船を出していた

遊歩道」の海岸コースに入る。爪木崎と須崎港を結ぶ3㎞弱の道程で、かつては生活の道だったという。須崎を目指して田ノ浦、田ノ尻といった小さな湾に沿って進むと、途中、青みがかったきれいな地層が現れる。海底に積もった火山灰や軽石の層で「伊豆石」として利用されたなかでも「この石は、白っぽい火山灰が地下の熱水などで変質して青みがかったものです。伊豆石の中でも高級品で、水に濡れるときれいな青色になることから、温泉の床材などに好んで使われています」（齊藤さん）という。

この海岸線には石丁場跡がいくつもある。岩山を削って掘った跡があり、近くの道端には切り出した石材が放置されたままになっていた。かと思うと、平らな磯場に採石跡がある。なかでも「細間の段」と呼ばれる磯場では、石を切り出した跡があちこちに見られる。

爪木崎を出てから1時間30分ほどで須崎漁協前のバス停に着いた。そこから少し歩くと恵比須島という橋を渡っていける島がある。遊歩道が整備されていて、ゆっくり一周しても40、50分ほどの小さな島だが「世界的にも珍しい地層の〝教科書〟（齊

3. 爪木崎をあとにして須崎遊歩道を進むと、最初に見えてくる静かな入江が田ノ浦 4.5 遊歩道沿い右側の崖は沢田石。海側には石を切り出した跡がある 6. 海に突き出た岬は細間の段といい、石丁場跡。風や波に浸食され、不思議な造形美となっている。利島、新島など伊豆七島が眺められる景勝地

6

5

藤さん）なのだという。

　波打ち際の歩道を進むと、崖は海底火山から噴出した火山灰や軽石が降り積もってできた灰白色の美しい紋様の地層だ。ところどころ波を打ったりしているのは波の記憶だ。視線を上げるとゴツゴツした石を埋め込んだような地層がある。海底火山が噴火したときの土石流だ。木の年輪に比べたらはるか悠久ではあるが「火山活動の静かな時代、激しい時代」（齊藤さん）を、ぼんやりながら感じられる地層の年輪だ。島の南側にある「千畳敷」は、波が削ってできた波食台である。

　海岸線から照葉樹の茂る高台に登ると恵比須神社がある。「夷子島遺跡」の案内板によると7～8世紀の時代の土器が発見され、祭祀跡の焚き火の跡が発見されている。火を焚き海の向こうからやってくる神様を祀ったという意味のことが書いてある。想像だが、遠くに見える伊豆の島々で盛んに火を噴いており、その火を鎮めるための祭礼だったかもしれない。そういう想像を掻き立てるジオ旅であった。

2

1

1. 白い縞模様の上に大小の石がまじった礫の堆積があるが、これは水底土石流が流れ込んだもの。浮力の関係で礫は上にいくほど小さくなる 2. 地層の中にあるシワは波の記憶

3

4

3. 須崎港の手前にある庚申堂の三十三観音。お伊勢参りした人が戻ってきて郷土に建てたという。たとえば民宿など、一体一体スポンサーがあるそうだ 4. 恵比須島で見つけた須崎水晶。キレイだからといってくれぐれも持ち出さないように

認定ジオガイド
齊藤　武さん

海洋教育マイスター、静岡県環境学習指導員、伊豆海洋自然塾の代表を務める齊藤さん。臨海学校や修学旅行など下田を訪れる小中学校向けのプログラムを企画実施している。海や大地の不思議さをジオの視点で伝えている。

access

【往路】伊豆急下田駅→爪木崎グリーンエリアバス停【復路】須崎海岸バス停→伊豆急下田駅

オススメ point

ごん太の「いけんだ煮味噌定食」

地元の漁師がその日に獲れた魚介類を味噌で煮こんだ料理。磯貝でダシを取り、金目鯛やサザエなどの磯魚、野菜もいろいろ入った豪華版。このボリュームで900円とは！

■下田市須崎1284-1 TEL 0558-23-1565

コースガイド

爪木崎グリーンエリアバス停 → 15分 → 九十浜海水浴場 → 20分 → タカンバ海岸 → 30分 → 爪木崎灯台 → 15分 → 俵磯 → 55分 → 細間の段 → 50分 → 小白浜 → 50分 → 恵比須島

SHIMODA

下田市街コース

ジオを見つけに下田街中へ

街のシンボルにもなっている、円錐形の美しい形をした下田富士は火山の根。
標高は低いけれど、急な登り坂でなかなかの難所?! 下山後は海岸線を散策。
ジオはもちろん、歴史や観光スポットなど、下田の魅力をたっぷり堪能。

文・編集部

course ⑧

難易度　★★☆☆☆
歩行時間　約3時間
歩行距離　約4.5k

キンメの干物はいかが?

下田港のそばに、ひときわそびえる標高約180mの下田富士。先のとがった円錐形のこの形には訳がある。火山の中心部で冷えて固まったマグマが長い間浸食されて洗いだされて山の形を築いたもので、一枚岩であることが多い。下田富士も火成岩からなる一枚岩で、山の形から富士山に見立てた下田富士と呼ばれているが、別名を一岩《いちいわ》山ともいう。

下田富士の登山口は国道136号の本郷交差点そばにあり、両側に狛犬を配した石鳥居に「浅間神社」とある。下田富士の山頂には富士浅間神社が建立されているのだ。ジオガイドの土屋仁志さんによれば、浅間神社と呼ばれるようになったのは、400数十年前のことだそうだ。

鳥居をくぐりながら108段の石段を上りきったところに不動堂、さらに登った拝殿左側にあるのが龍爪神社。鉄砲の災難から守る神さまで、戦時中は弾除けの神様として信仰されていたという。ここからいよいよ山道（参道）へ。

さほど急ではないが、木の根が張り、石がごろごろしていて歩きにくい。さらに進むと足元は岩になり、そのうち板が何枚も重なったような板状節理に変わっていく。途中、木

1. 下田富士は昭和の初め頃まで女人禁制で、女性が登れたのは浅間神社下社までだった

“富士”と名のつく山は数あれど富士山に負けず美しい下田富士

2. 石段を上ったところにあった不動明王 3. 7合目あたりで視界が開け、眼下に下田の街や下田港が見えた。下田駅の向こうに横たわるのは寝姿山 4. 火山岩の一枚岩である下田富士は、登るにつれ足元に岩が露出して、ところどころ板状節理を見ることができる 5. 稲田寺の阿弥陀堂には平安時代後期の阿弥陀如来坐像（市指定文化財）が安置されている 6. 下田港にあるペリー上陸記念碑。ペリー艦隊の乗組員が上陸した下田公園下の鼻黒の地に建てられている

立の間から景色を眺められる場所があった。真下には下田駅や街並みが見え、電車の音や船の汽笛がよく聞こえる。下田駅を挟んで向こう側にあるなだらかな山は寝姿山で、これも下田富士と同じ、火山の直下で冷え固まったマグマが浸食されたもの。

鳥居が見えて、ようやく山頂。下田富士の山頂は、周囲をウバメガシに囲まれた、小さな広場ほどの大きさで、境内の上空だけポッカリと空が見えた。下田富士を下山して、稲田寺《とうでんじ》に寄りながら港方面へ。うだるような暑さの中、懐かしい雰囲気の港町を歩き、潮風が心地よいペリー艦隊上陸記念碑へ。嘉永7年（1854）、日米和親条約の締結により、日本最初の開港地のひとつとなった下田の港にはペリー艦隊が次々とやってきた。「当時の日本で作られる最大級の船の25倍もの大きさを誇る旗艦ポーハタン号だったそうです」（土屋さん）そんな大型船を目の当たりにして、下田の人たちはさぞや驚いたのではないか？と話が弾む。

湾の真ん中に突き出すように浮かぶ犬走島で釣り人を冷やかしたりしながら、湾沿いをさらに進み、短い吊り橋を渡って雁島《がんじま》に上陸。岩からなる島では、石英の結晶が固まってできたジャスパーを発見！また、雁島には金目鯛を弔う魚霊碑があった。さすが、金目鯛の水揚量日本一の下

田だね、と言いながら歩を進める。

下田海中水族館は、和歌の浦という天然の入り江を利用して作られた水族館だ。1967年に開館した当時は〝世界初、水中に浮かぶ水族館〟として注目を集めた。土屋さんが子どもの頃には、海に入って水族館に近づくと、入江の中で飼われているイルカに網ごしに触れることができたというから、すごい。

下田海中水族館から鍋田浜までは、すぐそばに海を眺めながら遊歩道を歩く。海岸には石丁場の跡がたくさんあり、干潮時にはタイドプールになっている。澄んだ水の浅瀬には魚の姿も。遊歩道の右手には凝灰岩の崖が迫る。伊豆半島の他の地域と同様、伊豆石はここでも重要な産業の一つとなっていた。日本で最古の洋式灯台である神子元島《みこもとじま》の灯台も、伊豆石を切り出して作られた。「それだけじゃないんです」と土屋さん。当時、下田富士から北へ2㎞ほど行った高馬という場所から伊豆石を90㎝四方に切り出して、稲生沢川を船でペリーのいる黒船まで運んだ。その伊豆石は今、アメリカのワシントン記念塔の地上65mの位置にはめ込まれているそうだ。石には『嘉永甲寅の年五月伊豆の国下田より出す』と書いてあるという。「世界の石を集めて作った169mの石塔に、日本を代表して下田の伊豆石が使われているって、誇れることですよね」。

大浦には、寛永13年（1636）に海の関所である下田御番所が置かれ、徳川幕府の命により江戸往来の船を監視した。江戸に行き来する船は必ず下田を通り、積み荷などのチェックを受けた。他国より武器の持ち込みを防ぐためでもあった。御番所ができて下田湊は〝出船入船三千艘〟と伝えられるほど賑わい、町は発展したという。下田御番所は享保6年（1721）に浦賀に移されるまでの85年にわたって下田の繁栄を支えた。そんな当時の賑わいが想像できないほど、静かな湾が広がっている。

和歌の浦遊歩道の終点は鍋田浜海水浴場。真っ白な凝灰岩の壁が美しい、静かなビーチだ。ここから折り返して街中へ。かつて大浦に停泊した船の乗組員などが、峠を越えて下

1

2

3

1. 海に掛けられた吊り橋を渡って鴈島へ 2. 女性が仰向けに寝ているような形から名付けられた寝姿山。下田富士と同じ、火山の直下で冷えて固まったマグマが、その後の浸食で洗いだされた火山岩頸 3. 下田海中水族館は、イベントやショーが中心の体感型水族館。アクアドームペリー号の中の大水槽では伊豆の海を再現。魚類、海藻など4000点もの生物を見ることができる 4. いつもは波静かな和歌の浦遊歩道だというが、この日は白波が立っていた

認定ジオガイド
土屋仁志さん
土屋さんは、ジオポイントマラソンもこなすアウトドア派。ジオガイド中、貸してくれた偏光サングラスはレンタルでき、水中や景色がクリアに見えて驚き！
■メガネのツチヤ
TEL 0558-23-3487

4

大浦湾には、大きな凝灰岩をはじめ河童岩や津波石など奇岩がいろいろ

5. 和歌の浦遊歩道沿い、海側には石丁場跡が、反対側には凝灰岩の崖が迫る 6. 波静かで海水の透明度が高い鍋田浜は伊豆の穴場的ビーチ。三島由紀夫が自決する7年ほど前から鍋田浜を見下ろす高台にあるホテルに度々宿泊していたという逸話で知られている 7. 下田公園から下田富士を眺める

8. 欠乏所では航海で必要な水や薪、食料、雑貨などを売っていた 9. ペリー艦隊が下田に上陸し、了仙寺までの約700mを歩いたペリーロード

田の街へ行くのに、峠を切り崩して作った大浦切通しを歩く。切通しを抜け、下田公園散策道を上る。舗装された道だが急坂で、思うように足が進まない。途中、お茶ヶ崎展望台で一息つく。ここからは下田海中水族館がよく見える。

　下田公園には、戦国時代の下田城址があり、天守台跡や空堀跡を見ることができる。アジサイに囲まれた道を下り、日本最初期の写真家下岡蓮杖の胸像が見えると、ようやく下田の町だ。ペリーロードは、ペリー提督が了仙寺で日米下田条約を締結するために行進した道で、平滑川をはさむ石畳の道に沿って、なまこ壁や伊豆石造りの家並みが残っている。午後も遅く、風も出て涼しくなってきた。ペリーロードを歩き、了仙寺の洞穴を見て下田駅へ。夕涼みの散策が似合う町である。

access

【往路】【復路】伊豆急下田駅

オススメ
point

昭和湯

ペリーロードの近く、狭い路地にある源泉かけ流しの温泉銭湯。名前の通り、昭和の風情を残すノスタルジックな銭湯は、銭湯料金で温泉が楽しめるとあって、地元の人や観光客に人気がある。

■下田市 3-5-11 TEL 0558-23-0739

コースガイド

下田駅
← 下田富士（頂上まで往復） 40分
← 下田港 20分
← 下田海中水族館 20分
← 鍋田大浦遊歩道 20分
← 鍋田浜 15分
← 大浦の切通し
← 下田公園 35分
← 下田ペリーロード散策 30分
← 下田駅

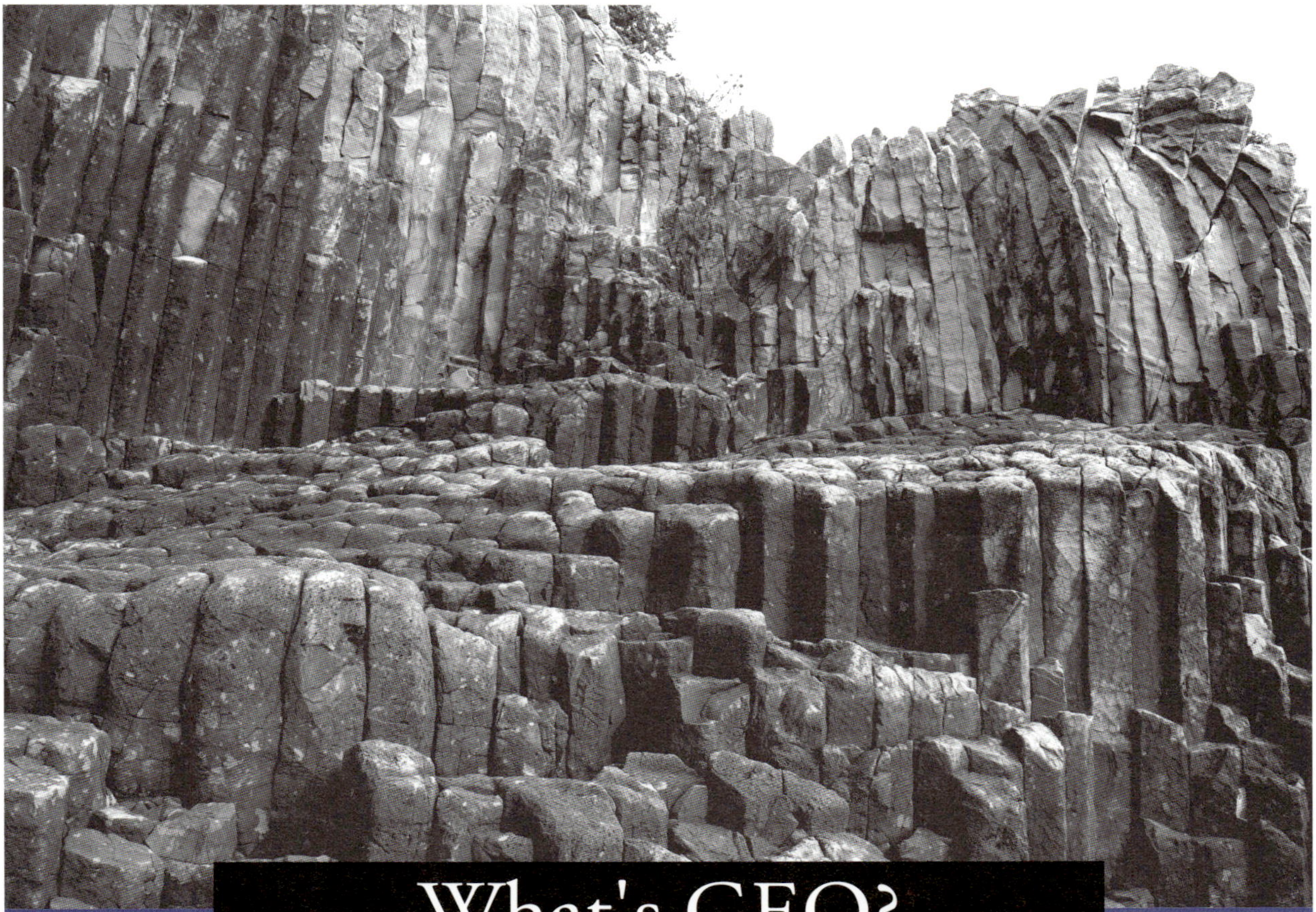

What's GEO?

私たちがふだん歩いている足もとの地面から、はるか遠くに見えている山、海まで、
その成り立ちには、地球＝ジオというかけがえのない星の記憶が刻まれている。
伊豆の成り立ちを知っていくと、
目に映るすべてのものが、これまでとまったく違った景色に見えてくるだろう。

文：伊豆半島ジオパーク推進協議会 専任研究員 鈴木雄介

動くこと山の如し

「動かざること山の如し」や「国破れて山河あり」という言葉があるとおり、山や川はしばしば動かないもの変わらないものの代表とされます。大地が動かないというのは本当でしょうか？

伊豆半島の海岸線を旅したことがある方なら、半島の東海岸と西海岸でなんとなく風景が違っていることに気が付いているかもしれません。東海岸には波打ち際に平べったい磯が広がっている場所がところどころにあります。満潮時には波をかぶることも多く、潮がひいた後のタイドプールは絶好の磯遊びスポットにもなっています。こうした波打ち際の平べったい岩場は、もともとは海面より低いところにあった岩場が波によって削られて平たくなり、その後の隆起によって海面より高いところに姿を現したものです。こうした地形は「波食台」と呼ばれ、この地域が海面に対して相対的に隆起していることを示しています。

次に西伊豆の海岸を見てみます。こちらの海岸に来ると、波打ち際は切りたった崖になっていることが多く、東伊豆の海岸にあったような波食台はあまり見られません。しかも、陸から伸びる尾根は、そのまま海のなかに続いているようにも見えます。こうした地形は、この地域が沈降していることを示しています。

隆起する東海岸と、沈降する西海岸、この大地の動きが景色の違いを、ひいては文化の違いをも作り出しているのです。

伊豆の海岸風景
↑東海岸　→西海岸の風景

ここで紹介した大地の動きは、現在も続いているものですが、それだけではなく、伊豆半島そのものがダイナミックな大地の動きの結果できた半島として、世界でも他に例を見ない場所なのです。

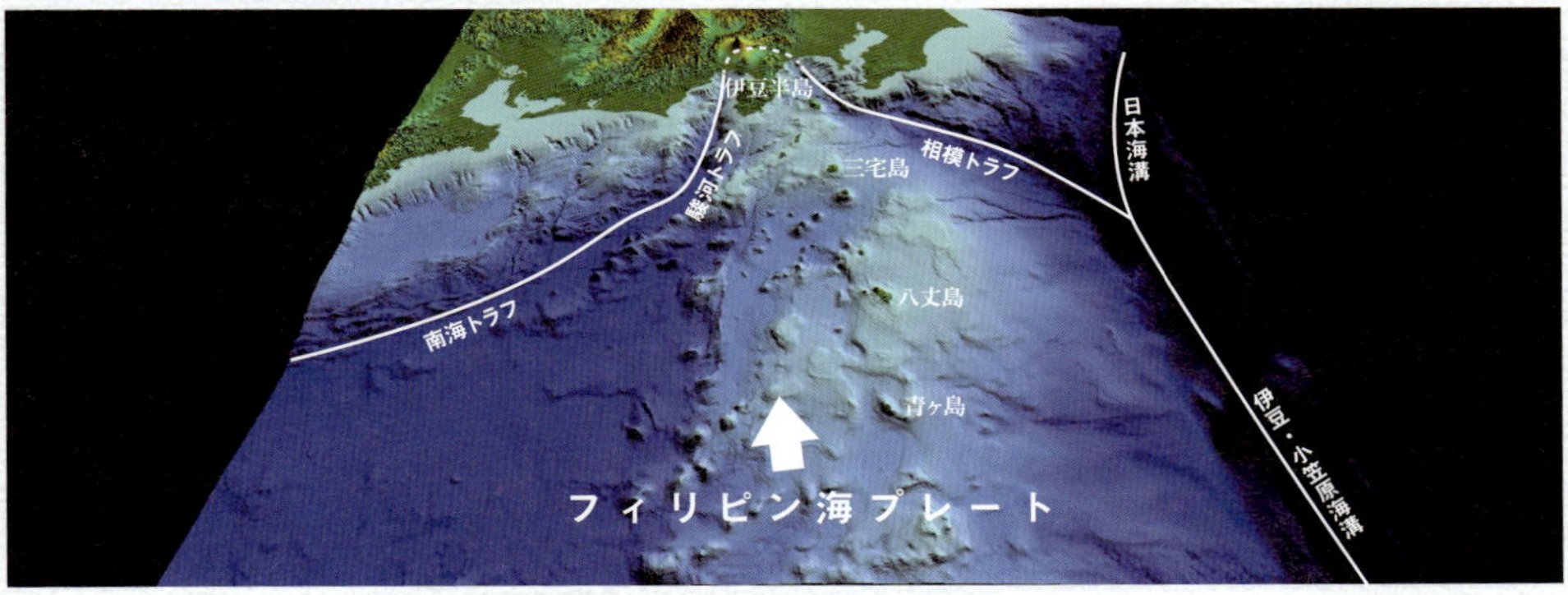

伊豆半島のなりたち

伊豆半島のまわりとその南の海底の地形を見ると、伊豆半島の東西には溝状の深い海が入り込んでいることがわかります。また、伊豆半島の南には、点々と伊豆諸島の島々が並んでいます。半島の両側にある溝状の深い海は、伊豆半島の西側では駿河トラフ、東側では相模トラフと呼ばれ、伊豆半島をのせる「フィリピン海プレート」と呼ばれる岩盤が日本の本州の下に沈み込んでいる場所です。

地球の表面はプレートと呼ばれる大小多数の岩盤に覆われています。このプレートは地球内部の対流にともなってさまざまな向きに動き、お互いに離れていったり、すれ違ったり、ぶつかったりしています。フィリピン海プレートもこうしたプレートのひとつで、年間数センチほどの速度で北西に向かって移動し、本州をのせるユーラシアプレートと北米プレートの下に沈み込んでいます。このプレートの沈み込みが伊豆半島の東西に深い海を作りだしているのです。なお、駿河トラフがつくる駿河湾は日本で一番、相模トラフがつくる相模灘は日本で二番目に深い湾です。

駿河湾と相模灘を通ってのびるプレートの境界は、伊豆半島や箱根の北、丹沢山地の南側付近でつながっています。ここには神縄断層と呼ばれる断層があり、この断層がプレートの境界、つまり伊豆半島と本州の境界と考えられています。このプレート境界の南側にある伊豆半島は、本州の中で唯一、フィリピン海プレートの上に位置する地域なのです。

こうした伊豆半島の大地のなりたちは、地層などの証拠などによって約２０００万年前までさかのぼることができます。

約２０００万年前、伊豆はフィリピン海プレートの上にできた海底火山で、本州のはるか南にありました。この海底火山や火山島はフィリピン海プレートとともに北に移動し、１００万年前頃に本州に衝突し、現在のような半島の形になりました。つまり、伊豆半島は南の海でできた火山島や海底火山が本州に衝突してできた半島なのです。海底火山の噴出物は衝突を境に姿を消し、伊豆半島を作る地層も、陸上火山の噴出物に変わりました。

伊豆と本州の衝突は、伊豆が本州の一部になった大事件ですが、その影響は伊豆だけにとどまらず、本州側にある丹沢山地や赤石山地（南アルプス）も隆起しました。伊豆半島は現在もフィリピン海プレートとともに本州を押しつづけていて、その

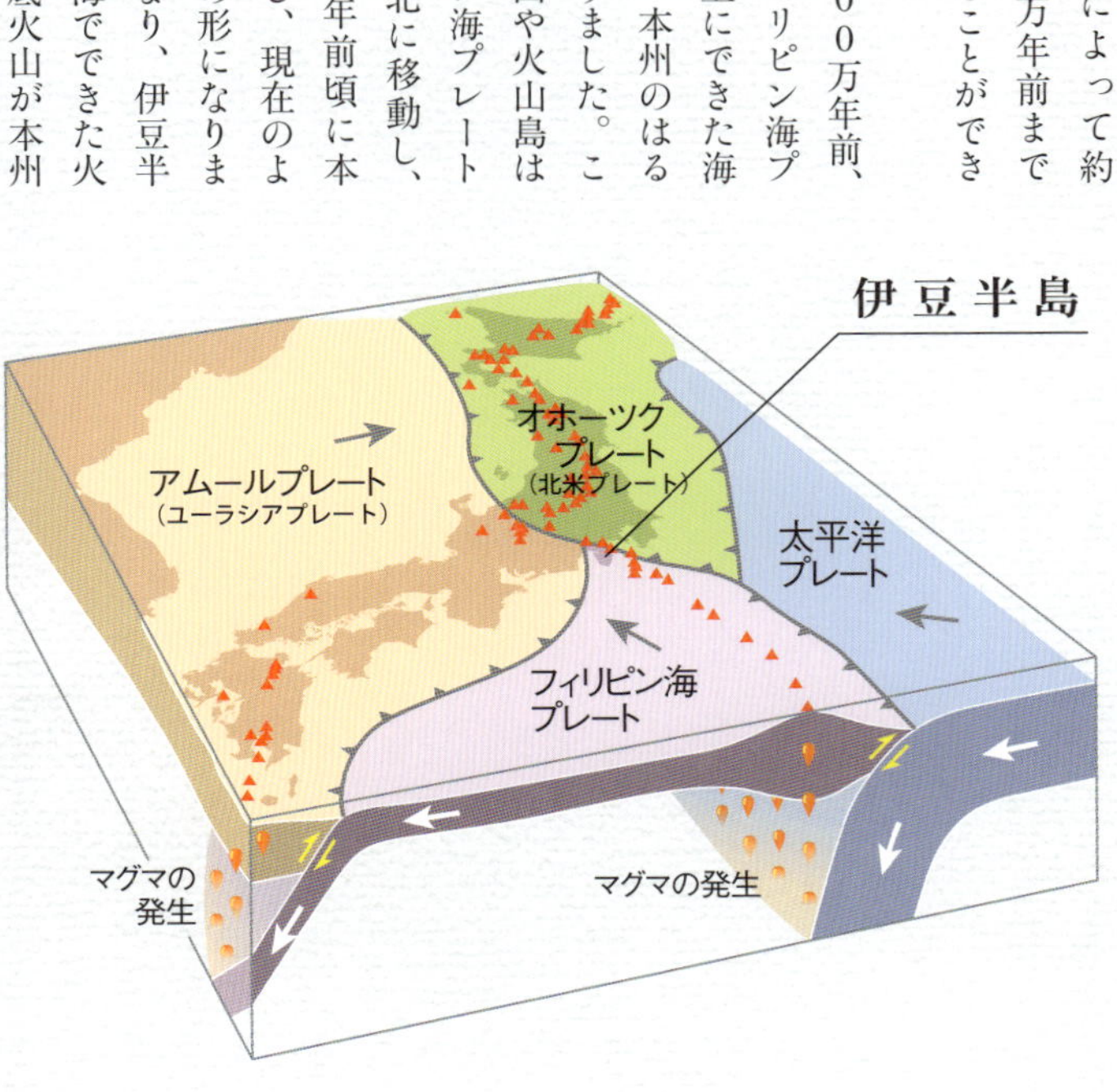

結果、赤石山地は年間約4㎜という日本国内でも有数の速さで隆起し続けています。

伊豆半島から南に見える神津島や新島といった伊豆諸島、さらにその南の小笠原諸島も、伊豆半島がかつてたどった道のりを歩み、やがて本州と陸続きになるのでしょう。逆に、現在の伊豆・小笠原の島々やその周辺の海底火山は、かつての伊豆の姿そのものであると言うこともできます。2013年から噴火を始めて新たな島を成長させた小笠原諸島の西ノ島は、伊豆の南約800kmの場所にありますので、フィリピン海プレートが現在と同じくらいの速度（年間約4cm）で動き続ければ、およそ2000万年後には、本州と陸続きになる計算です。残念ながらそれを見届けるのはちょっと難しそうですね。

地学はもしかしたらみなさんになじみのない学問で、とても難しいと思うかもしれません。でも、いくつかのことに気が付けば、それがどのような地球の動きによってできたのか気付けるようになると思います。

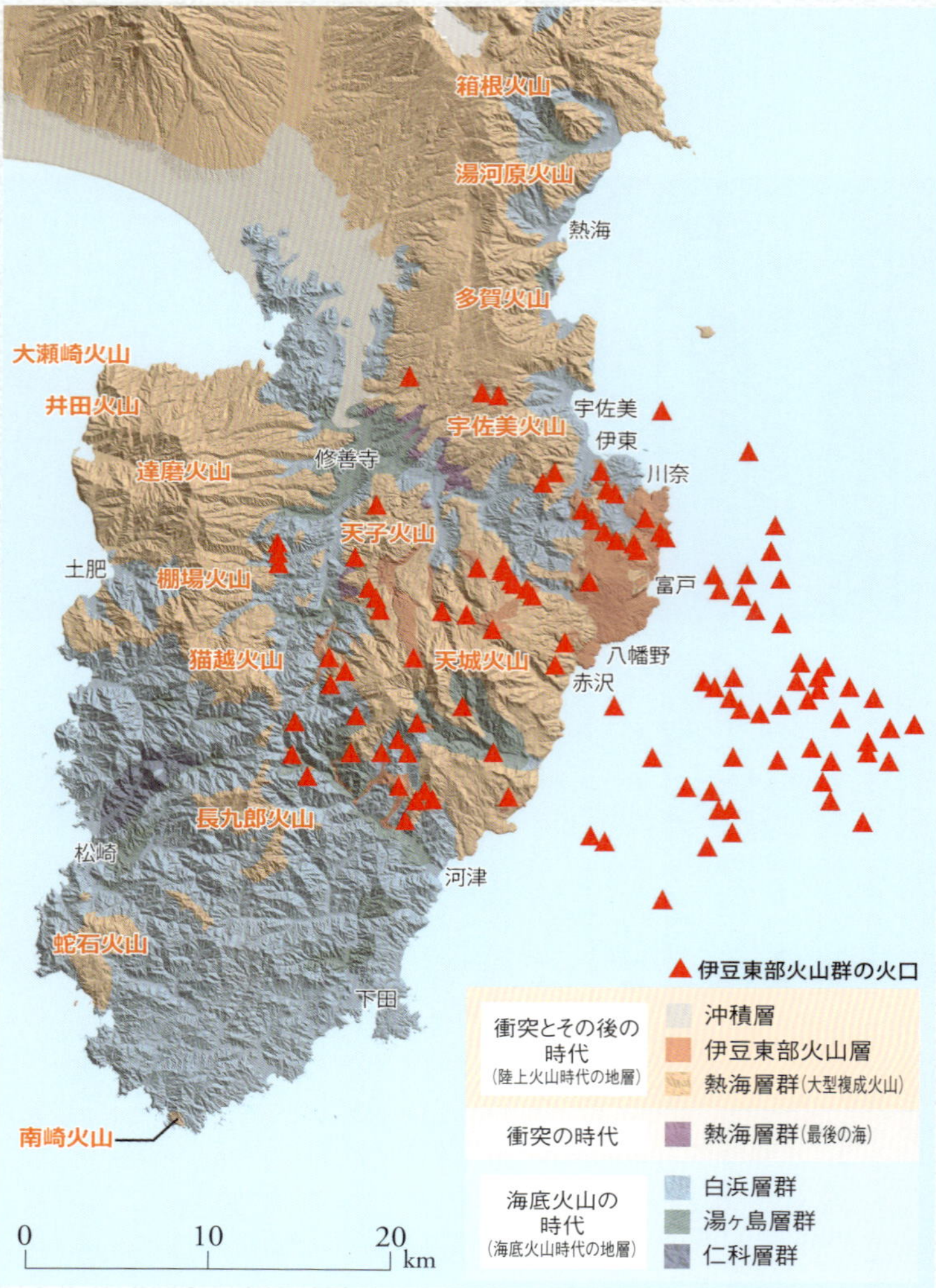

伊豆半島の地質と伊豆東部火山群の分布

青っぽく塗られた場所は伊豆が海底火山や火山島だったころの地層。赤っぽく塗られた場所は伊豆が半島となったあとに活動した陸上火山の地層。

達磨山付近からのながめ:フィリピン海プレートが沈み込んでいる駿河湾をはさんで対岸に静岡市や富士市が、その奥には現在も隆起を続ける赤石山地（南アルプス）がそびえる

この本を持って伊豆を歩くうちに、今まで見てきた景色がさまざまなことを語りだし、「動く大地」が見えてくるかもしれません。本書が、大地の語りかける言葉を聞いて、景色や温泉、特産品をもっと楽しんだり、自然災害について考えたりするきっかけになれば幸いです。

地殻変動の違いによって伊豆半島の海岸線の風景が東と西で異なっていたように、大地のなりたちの違いによっても、風景の違いが作りだされています。ここでは、用語の解説もかねて、伊豆半島のなりたちにそって各時代のでき方と、その証拠の見つけ方を簡単に紹介したいと思います。

海底火山の読み方

伊豆が本州に衝突する前の海底火山時代にたまった地層は、古い順に仁科層群（2000万～1500万年前）・湯ヶ島層群（1500万～1000万年前）・白浜層群（1000万～200万年前）と呼ばれ、伊豆半島の広い地域に分布しています。

本来は海中にあった太古の海底火山の地層は、伊豆と本州の衝突によって隆起して、地上に姿を現しました。現在でも伊豆の広い範囲に分布している、伊豆の土台ともいえる地層です。海底火山の噴出物は、下田から南伊豆を経て松崎・西伊豆に至る海岸線や、香貫山や葛城山などの静浦山地（沼津アルプス）などで、美しい縞模様をもつ地層や、荒々しい岩肌が織りなすダイナミックな景色として次々に姿を現します。特に南伊豆から西伊豆にかけての海岸線は国の名勝「伊豆西南海岸」にも指定されています。

海底に降りつもった火山灰や軽石の地層

海底火山や火山島から噴き出した火山灰や軽石は、火山のまわりの海の底に降り積もります。しずしずと海の底に積もることもあれば、海流の影響を受けながら海底に降り積もり、複雑な模様を作りながら積もっていくこともあります。伊豆半島で見られる海底火山の火山灰や軽石は、例外もありますが、白っぽい色をしていることが多く、縞模様が目

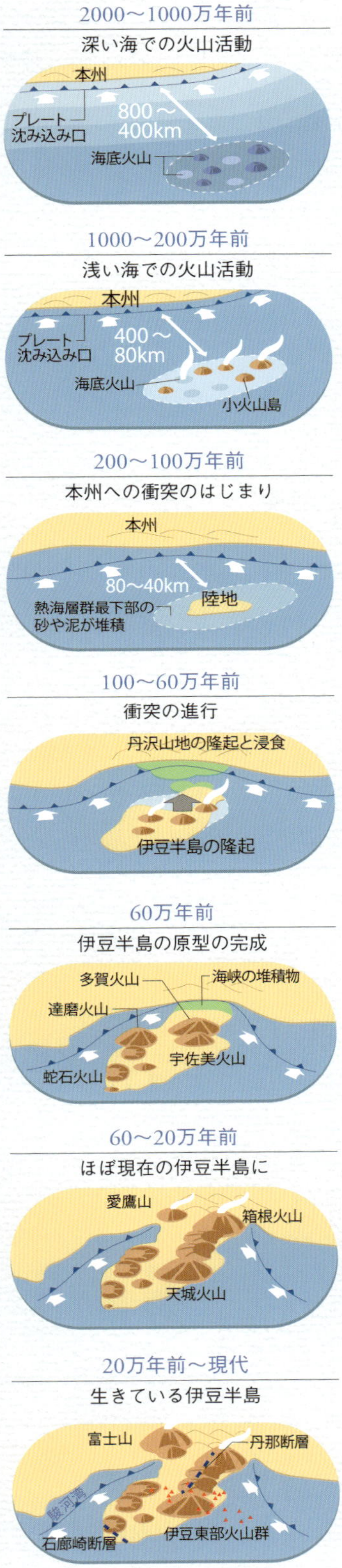

海底に降り積もった火山灰や軽石の地層（下田市柿崎弁天島）。海流の影響を受けて複雑な模様を作りながら海の底にたまる。ときどき貝の化石なども見つかる

水冷破砕溶岩（松崎弁天島）

立つ白い崖として見られます。海の底に積もった火山灰は長い年月をかけて粒どうしが結びつき、岩へと姿を変えます。こうしてできた岩を「凝灰岩」といいます。白い崖をよく観察すると、地層がたまった当時海底に棲んでいた貝などの化石が見つかることもあります。もし化石を見つけても、次に観察する人のために、採取したりしないようにしましょう。

海底火山でも溶岩が流れ出します。溶岩流というと、多くの方はどろどろに溶けた岩石が流れる姿を想像すると思います。陸上の火山ではそうした姿は普通ですが、海中（水中）に溶岩が噴出したり流れ込んだりすると、陸上とは異なったことが起こることが知られています。海底に流れ出した溶岩は陸上と違って水によって急激に冷やされるため、ばりばりに砕かれた岩の集まりになってしまうことがあります。熱い飲み物を入れておいたガラスのコップを冷たい水につけると割れてしまうのと似た現象です。こうしたでき方から、「水冷破砕溶岩」と呼ばれています。同じような見た目の角ばった石の集合で、石と石の間を白っぽい粉が埋めていることもあります。白い火山灰の地層と交互に積み重なっていることもあり、海底で起こった噴火の様子が想像されます。

水底土石流
↑西伊豆町堂ヶ島（亀島）
→南伊豆子浦三十三観音

さまざまな種類・サイズの石や岩を含むのが特徴。水中では重たいものほど先に沈むので、地層の上部ほど細かい石がたまっていることがある

水冷破砕溶岩にちょっと似た地層として、水底土石流の地層があります。水冷破砕溶岩と同じように、たくさんの石や岩の集まりなのですが、こちらはさまざまな種類の石や、角のとれた丸っこい石も多く含みます。地震や海底火山の噴火にともなって海の底を土砂が流れ下ってできた地層で、流れ下る途中で石の角が取れたり、まわりの土砂を巻き込んだりしていますので、水冷破砕溶岩と見分けがつきます。

こうした海底火山の地層は激しい浸食をうけ、火山の中心部にあった「マグマの通り道（火山の根）」さえも姿を見せています。火山の根は地下で冷え固まったマグマですので、火山灰の地層などに比べると浸食に強く、浸食に耐えた一枚岩は急峻な山を作ることがあります。下田の寝姿山や下田富士、松崎の烏帽子山、伊豆の国市の城山などの「火山の根」は、遠くからでも良く目立ち、土地の信仰の対象になっていることもあります。

→岩脈は、地下の地層を押し分けてマグマが上昇した痕跡

子浦の蛇くだり

↓火山の中心にある火山の根。浸食に耐えて洗い出された火山の根は急峻な岩山を作る

↑松崎町烏帽子山

入間千畳敷

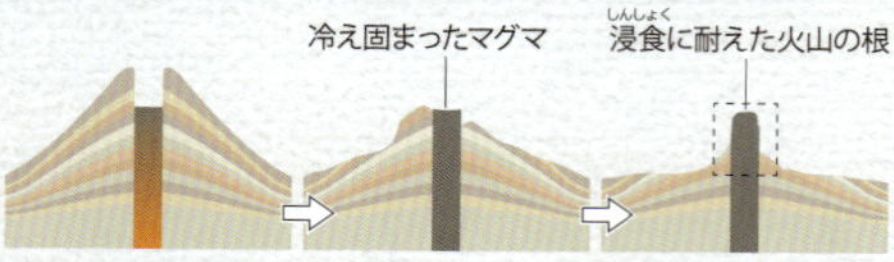

火山の直下で冷え固まったマグマが、のちの浸食によって洗い出されたものを火山の根（火山岩頸）と呼ぶ。浸食に耐えた１枚岩は急峻な山を作ることがある。

陸上大型火山の眺め方

本州と陸続きの半島となってからしばらくは、陸上のあちらこちらで噴火が続き、現在の伊豆の骨格を形づくるような大きな火山を作る時代が続きました。伊豆最高峰の天城山（万三郎岳：1406m）や達磨山（982m）、玄岳（798m）もこの頃にできた火山のなごりです。これらの火山は、火口の位置を大きく変えることなく何度も噴火を繰り返し、結果として大きな山を作る複成火山と呼ばれるタイプの火山です。富士山や箱根、浅間山など日本国内のほとんどの火山は、大きな山を作る複成火山です。海底火山時代の地層の一部は、こうした噴火によって流れ出した溶岩や火山灰などによって埋め立てられてしまいました。

陸上大型火山は、地層を見るというより大きな地形を見たほうがわかりやすいかもしれません。この時代の火山は、かつては現在よりも標高の高い火山だったと考えられています。噴火を終えてから長い時間がたっているために、浸食によって深い谷ができ、山の姿が大きく変わり、標高も低くなっているのです。とはいうものの、現在の伊豆半島の高標高部はこれらの火山のなごりで、達磨山や玄岳のコースでは、長いすそ野をひく広々とした大型火山の景色を楽しむことができます。また、山中に堆積した火山灰は豊かな土壌をつくりだし、天城の森などの豊かな生態系を育んでいます。

伊豆半島の屋根を作っているともいえる陸上大型火山。海に突き出した標高の高い山々は半島にたくさんの雨をもたらしている

伊豆東部火山群のさがし方

約20万年前頃になると、こうした大きな火山を作る複成火山の時代は終わってしまい、日本では数少ない単成火山群の活動がはじまりました。「単成火山群」とは、天城山などのような複成火山と異なり、噴火のたびに場所を変える小さな火山の集まりです。大室山や小室山、一碧湖などをはじめとするこの火山群は「伊豆東部火山群」と呼ばれています。ひとつひとつは小さな火山ですが、確かな存在感をもって、トレッキングにアクセントを加えてくれています。

気象庁では「おおむね過去1万年以内に噴火した火山および現在活発な噴気活動のある火山」を活火山としており、日本国内の110の火山が活火山に指定されています（2014年現在）。伊豆半島内で最後の噴火は1989年に伊東沖で起こった海底噴火ですので、伊豆東部火山群も活火山のひとつに数えられます。

伊豆東部火山群の中に分布する火山は、噴火のしかたやマグマの粘り気、噴火場所などによって、さまざまな形の地形を作りだしています。もっとも目立つのは大室山や小室山に代表される「スコリア丘」です。比較的粘り気の弱いマグマが火口から噴き出すと、そのしぶきが空中で冷え固まって火口のまわりにつもっていき、小山を作ります。この「冷え固まったマグマのしぶき」をスコリアといい、スコリアがつみ重なってできた小山なのでスコリア丘といいます。富士山に登ったことがある

左:複成火山の富士山　右:単成火山の大室山

スコリア丘（鉢窪山）

溶岩ドーム（矢筈山）

マールと一碧湖

単成火山のかたち

方は、登山道にがさがさした黒っぽい軽石がたくさん落ちていたのを覚えていると思います。それがスコリアです。スコリア丘を作るような噴火では、たくさんの溶岩が流れ出すこともあります。約４０００年前の大室山の噴火では、大量の溶岩が流れ出し、伊豆高原や城ヶ崎海岸をつくりました。

溶岩の粘り気が強くなると、しぶきをあげたり溶岩を遠くまで流すことはなくなり、火口から溶岩が押し出され、「溶岩ドーム」という、こんもりと盛り上がった岩山ができます。伊豆東部火山群の中にはそれほど多くはありませんが、大室山から見える矢筈山などがこの溶岩ドームです。

地下深くから上昇してきたマグマが、地下水などに接触すると、急激に水を蒸発させて爆発が起こります。こうした現象をマグマ水蒸気爆発といい、激しい爆発によって丸い窪地ができます。日本語の「火山」には「山」という文字が入っていますが、噴火のしかたによっては窪地の「火山」ができることもあるのです。一碧湖やその隣にある沼池が、「マール」と呼ばれるこの窪地型の火口です。

個性的な形のこの小さな火山の場所は、「火山がつくった天城の風景ー伊豆東部火山群（南西部）のジオマップ（静岡新聞社）」などに詳しい分布図がありますので、本書とあわせてトレッキングのお供にどうぞ。

伊豆東部火山群の作る地形は新しく、単成火山から流れ出した溶岩は、山がちな伊豆の半島の地形を均し、なだらかな台地を作り出しています。伊東市の伊豆高原などは、こうしてできた溶岩台地です。また、こうした台地の縁には河津七滝や浄蓮の滝などの滝が、溶岩の上には滑沢渓谷や猿田淵といった渓谷ができ、有名な観光地にもなっています。

河津七滝　釜滝

浄蓮の滝

溶岩にかかる滝
どちらの滝も溶岩が冷え固まった時にできた柱状節理が目立つ

溶岩（マグマ）が作る造形

溶岩やマグマは、流れながら、また、冷えながらいろいろな形を作ります。

先ほどの溶岩台地の縁にできる滝などでも良く見られる柱状節理は、特に目を引く形です。柱状節理は、溶岩やマグマが冷え固まるときに収縮してできる柱のような形をした規則正しい亀裂で、太さのそろった柱を並べたような姿になります。柱状節理は海底火山でも陸上火山でもできますが、どちらにしても、熱い溶岩やマグマが冷え固まったことを示す、火山の証拠なのです。

その他にも、溶岩の粘り気の強さなどによって小さく特徴的な形がつくられます。

↑爪木崎の柱状節理

↑粘り気の弱い溶岩の表面にできる縄状溶岩（三島市楽寿園）

柱状節理の模式図

柱状節理は、いちどに柱のような形になるのではなく、冷やされた部分から順に伸びていく。そのため、上下から冷やされれば上下に伸び、横から冷やされれば横向きの柱状節理ができる

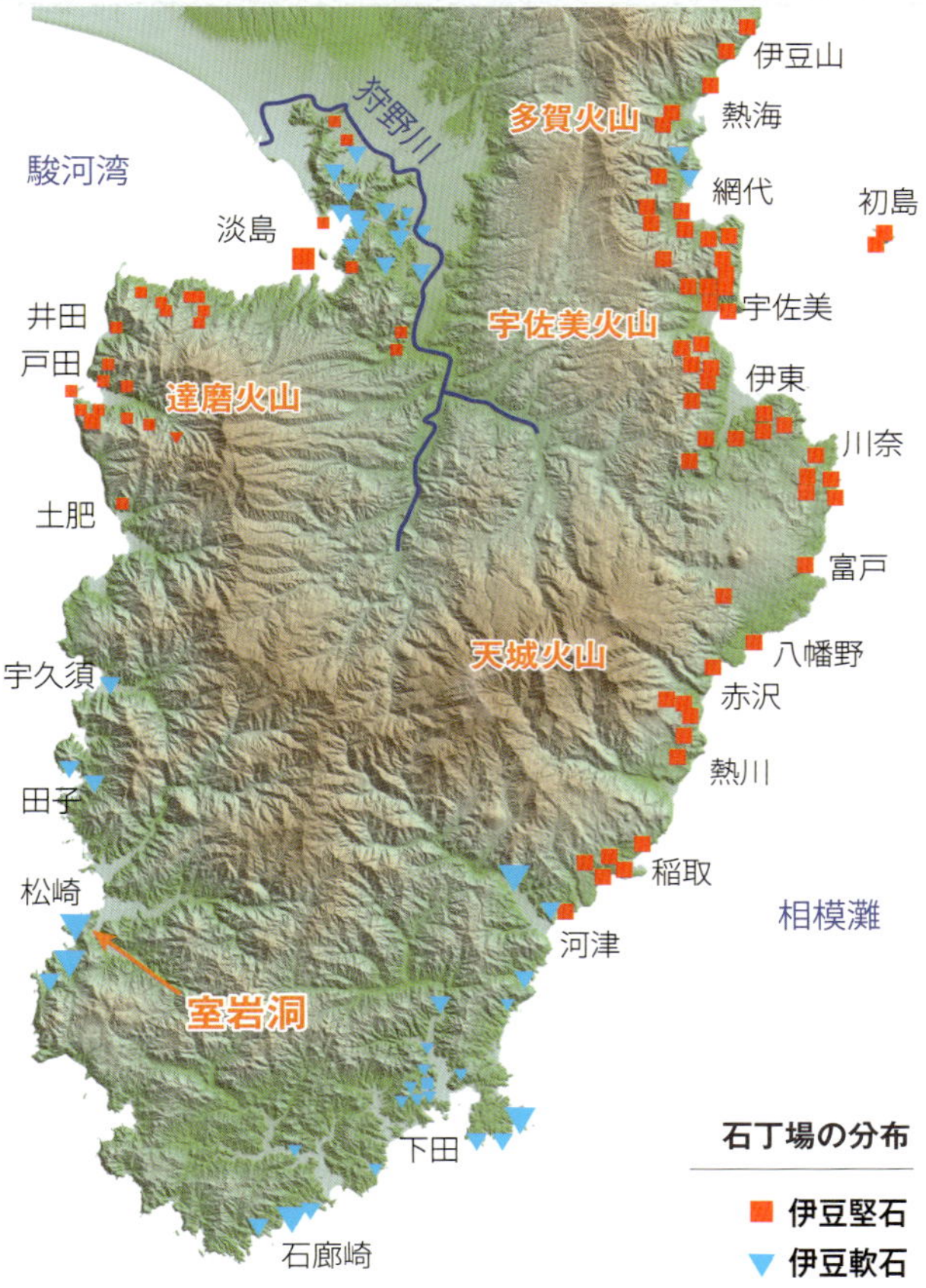

石のある風景

　かつての伊豆半島は石材の一大産出地でもありました。伊豆で採られた石材は「伊豆石」と呼ばれますが、海底火山時代の火山灰や軽石をもとにした「伊豆軟石（なんせき）」と、陸上火山の溶岩や火山の根をもとにした「伊豆堅石（かたいし）」の2種類に分けられています。

　伊豆軟石は、やわらかく加工しやすく耐火性にも優れた石材として重宝され、伊豆はもとより江戸を中心とした関東地方でも、さまざまな石造建築に使われてきました。各地でさかんに石切りが行われ、産地の名前をつけて呼ばれることもあります。現在でも、古い石蔵や石灯籠などに、海底に火山灰が降りつもった時の縞模様を残す個性豊かな石材が使われている様子が見られます。

　堅い溶岩でできた伊豆堅石の方は、軟石のような普段使いではなく、その耐久性を活かして別の使われ方をしました。特に、徳川家康が江戸に幕府を移し、江戸城の改築を各地の大名に命じた際には石垣を作るのに大量の石材が必要になり、伊豆をはじめとする相模湾沿岸部で採石された石材が、船で江戸に運び出されました。石の切り出し・運搬を命じられた各大名は切り出した石材に刻印を入れて目印としていたことから、この石材は「築城石」「刻印石」とも呼ばれています。

　伊豆石以外でも、柱状節理などの特徴的な形をした石そのものを利用している場面も時々見かけます。自然の中でどのように石ができたか見るとともに、街歩きのときにも石に目を向けてみると思わぬ発見があります。

まちなかで見かける伊豆石

1.伊豆軟石で作られた蔵（下田市） 2.松川沿いの遊歩道に展示されている築城石（伊東市） 3.縞模様が目立つ伊豆軟石の石灯籠（下田市） 4.植込みの枠として使われている柱状節理（三島市） 5.三嶋大社の石垣には富士山の溶岩が使われている

南から来た火山の贈りもの

ジオの楽しみ方のひとつに「味わう」があります。大地の動きは美しい景色や温泉はもちろん、伊豆ならではの味わいも生み出しています。

伊豆半島の東西には、プレートの沈み込みでできた深い海があり、そこはさまざまな魚介類が採れる豊かな漁場になっています。特産のキンメダイやタカアシガニも深海性の生物で、漁港の近くに深い海を有する伊豆ならでは恵みです。

衝突後の陸上大型火山は、火山特有のなだらかで広々としたすそ野を残し、陽当たりが良い斜面は、果樹やお茶、スイカなどの産地にもなっています。半島中央部の天城山周辺では、太平洋からの湿った風が吹き寄せるため、年間雨量3000㎜近い国内有数の多雨地帯になっています。伊豆の大地に降った雨は、亀裂やすき間の多い火山の噴出物の中に地下水として貯めこまれ、あちこちで豊富な湧水となっています。水温や水量の安定した清廉な湧き水は品質の良いワサビを育てています。中伊豆の谷あいには無数のワサビ沢（谷に沿って作られることから、ワサビ田ではなくワサビ沢と呼ばれることが多い）があり、静岡県のワサビ産出額を日本一に押し上げています。

地下水の一部は、高い地熱によって温められ、各地で温泉として湧き出している。これも重要な「火山の贈りもの」です。本書で紹介したほとんどのコースは近くに温泉がありますので、ウォーキングのあとにはぜひ温泉で汗を流してください。

↑←豊富な湧水や、その湧水を使ったわさびも火山の恵み

↙河津町峰の大噴湯

深海に棲むキンメダイ（上）とタカアシガニ（下）。黒潮の流れる深い海は多種多様な海の幸を半島にもたらす

AMAGI・NAKAIZU

天城越えで知られる天城連山をはじめトレッキングが人気のエリア。
清流や苔むした大岩、森の奥に佇む大ブナ、
伊豆の真ん中エリアには、思いがけない出合いと感動がある。

八丁池・筏場／浄蓮の滝／修善寺温泉
河津七滝

HACCHOUIKE

八丁池～筏場コース

生命の息吹を感じる天城の秘境

天城、八丁池周辺は、植物や豊かな自然を楽しめる人気のハイキングコース。
いくつものルートがある中、今回は八丁池口から皮子平へ向かい、
天城の懐に抱かれたブナ林と火山の記憶を楽しんだ。

文·高橋秀樹

course ⑨

難易度	★★★★★
歩行時間	約6時間10分
歩行距離	約18km

1. 八丁池はハイカーに人気のスポット。全景を見下ろせる展望台には、行ってみる価値あり。モリアオガエルの産卵地としても知られている 2. 年間60種類以上の野鳥が飛び交う美しい森

3. マメザクラは甘みが強くて美味しいというが、国立公園の第二種特別地域内なので採取はNG 4. 流紋岩質マグマが急冷してできるといわれる黒曜石。伊豆では皮子平近辺でよく見つかる

6月下旬の平日。八丁池口バス停に人影はなくウグイスの声が響いていた。今回は、ここから八丁池〜皮子平《かわごだいら》〜筏場《いかだば》までの約18kmの長丁場の山歩き。靴紐をぎゅっと締めてバス停を後にした。出発して、スギ・ヒノキの植林地を縫う寒天林道をだらだらと登っていくが、高度を上げるにしたがって、天城本来の森の姿が見えてくる。

山歩きは、たいがい単調で辛い。だから山頂からの眺望に喝采をあげる。だが、この道程に眺望はあまり期待できない。その代わりに豊かな森の恵みがたくさんあり、われわれの目を楽しませてくれた。黒く熟したマメザクラのサクランボ、サンショウは葉っぱを触って匂いをかぐといい香り。アマギアマチャと呼ばれるヤマアジサイの一種は、葉っぱに多くの糖分を含んでおり「甘茶」になるという。「天城という地名は、甘木が多いから、という説もあるんです」とは、ジオガイドの浅田英勝さんだ。

八丁池口から20分ほど登ると、ブナやヒメシャラといった落葉広葉樹の森に一変する。寒天林道からコルリ歩道に入ると、森の床はふかふかとして、ブナの実生が芽生えていた。その山中で浅田さんが、道端の露頭を指差し小石を拾い出した。それは火山岩である軽石、安山岩、黒曜石。火山であった天城山の記憶だ。万三郎岳（１４０６ｍ）を筆頭に、伊豆半島の東西に長々と横たわる天城山は80〜20万年前、たび重なる噴火で形作られた成層火山なのである。

出発して1時間ほどで八丁池（標高１１７０ｍ）の展望台に着く。展望台からは、こんもりとした森に囲まれた八丁池が一望でき、空気が澄んでいれば富士山の頭が見える。ハイキングコースとして人気のあるこの池は「天城の瞳」と呼ばれ、厳冬期には凍結することでも知られる。八丁池は、長い間「火口湖」だとされていたが、近年の科学的調査で、断層がずれたことによって生まれた窪地に水が溜まった断層湖であることが判明した。

八丁池はモリアオガエルの産卵地としても知られており、5〜6月に訪れると池に張り出した木の枝に白い花が咲いたような卵塊が見られるという。「モリアオガエルの卵塊は増えたり減ったりしているが、その原因ははっきりしません。最近ではシラヌタの池（東伊豆町）でもたく

大地の呼吸を感じながら、歩く

1

3 2
4

1. モリアオガエルのオタマジャクシ 2. モミジイチゴの実もちょうど食べごろだ 3. 緑濃い森のなかで、ひときわ可憐な姿を魅せるアマギツツジ 4. 皮子平ですっかり減ってしまったオシダを発見 5. ブナやカエデなど、背の高い木々に囲まれての尾根歩きが心地よい

5

さん見られるようです」（浅田さん）今回、八丁池ではモリアオガエルの卵塊に出会うことはできなかったが、登山口に向かう途中の道端の小さな水溜りで、その姿を見ることができた。八丁池を過ぎるとほとんどアップダウンのない尾根歩きになる。ブナ、ヒメシャラ、カエデ、オオカメノキといった落葉広葉樹の森には、ところどころにアセビやヤマグルマといった常緑樹も葉を茂らせており、表情が豊かだ。平坦な道とはいえ、次に目指す戸塚峠までは4kmほどあり、汗もかく。「そんなときはヒメシャラに抱きつくといい」と浅田さんがおかしなことをいう。実際に試してみるとひんやり冷たくて気持ちがいい。ヒメシャラは表皮が薄く、根から吸い上げる水の冷たさが直に伝わるのだという。

そうこうしながら八丁池から1時間30分ほどで戸塚峠に着いた。戸塚峠から「天城縦走路」を東に向かうと天城連山最高峰の万三郎岳への登りになるが、われわれが目指すのは山頂ではなく皮子平。

戸塚峠の稜線から北側に15分ほど下ると、目の前に現れたのはその名前通り平らで広い窪地であった。東西約1kmのU字形をした窪地で、その広さは4・1haと東京ドーム1個分ほどもある。

われわれを最初に出迎えてくれるのは「推定樹齢200年以上、天城山有数」といわれるブナの巨木だ。さらに進むと、ブナやサワグルミの木の間にまるで植林でもしたかのように細いヒメシャラが生えていた。もちろん、ブナとヒメシャラが混生する天然の森で、植生の遷移上珍しく、林野庁の保護林になっている。岩や倒木はすべてびっしりと苔に覆われており、スギゴケの間からはブナの幼木が育っている。ヤマトリカブトが茂り、ブナの森でよく見かける大型のオシダもちらほらだが岩肌に根を張っている。〝緑の洪水〟から、ふと視線を上げると、深いピンク色のアマギツツジが目を楽しませてくれる。「まるで庭園みたい」と誰かが言った。

斧を知らない原始の森といった風情の皮子平だが約3200年前（縄文時代）に大爆発した巨大な火口跡なのだという。地質調査によって、この火口から流れ出した粘り気のある溶岩は天城山の北斜面を流れ4kmほど下った伊豆市筏場まで達し、その溶岩の厚さは厚いところで50mほどもあることがわかってい

7

6

6.7 皮子平の西と東の間くらいにブナとヒメシャラの森がある。ヒメシャラはつるりとした木肌のすぐ内側に水を吸い上げる導管が通っているため、触るとひんやりするのだという 8. 皮子平の火口。シカの食害が深刻なため、フェンスで保護している 9.10 周辺の岩も、倒木もすべてが緑の苔に覆われている。触れてみるとしっとりとフカフカでいい感触

る。文字の記録はないが、火口であった痕跡を垣間見ることが出来る。ブナの森から皮子平の西の端に進むと、ぱっと視界が開けた明るい場所に出た。火口跡だという。残念ながら「シカの食害から植生を守るため」（浅田さん）に、鍵のかかった金網越しでしか見えないが、一面アセビの幼木が覆っていた。

皮子平から戸塚歩道を筏場に向かって下った。途中にスギやモミの巨木があり「精英樹」と書かれた杭が立っている。材木として優良木のことだ。皮子平は溶岩台地で沢が刻まれにくく、道中ではほとんど沢を見かけることがなかったが、実はこの分厚い溶岩にはたくさんの亀裂があり、豊富な雨をため込んでいる。こ

8

10

9

の下にあるワサビ沢では溶岩の末端からその地下水が湧き出しているため、伊豆のなかでも最も大きなワサビ栽培地がここにできたのだ。

　皮子平から50分ほどで筏場林道に出る。そこには「筏場新田（バス停）まで9km、2時間」の道標。下りとはいえうんざりする距離だが、森影にシカがおり、アマギツツジが目を楽しませてくれた。林道脇には、皮子平火口が噴出した火砕流の地層にも出くわす。

　高度を下げるにつれて道端に沢が現れ、名もない滝が岩を駆け下っている。下った先には筏場のワサビ沢が段々状に広がっており、澄明な水がワサビ沢を潤していた。

この静かな山間で、自然と調和しながら生きてきた人びとに思いを馳せる

天城自然ガイドクラブ会員／
認定ジオガイド
浅田英勝さん

環境省委嘱の自然公園指導員などを務める浅田さんは、植物のことや石のことに詳しい頼もしいガイドさん。浅田さんと一緒に歩くと、食べられる実から効能のある樹皮まで、さまざまなことを教えてくれるので、山歩きが2倍、3倍に楽しくなる。

1. 見事なモミの大木だが、根元は横座りしたように湾曲し、裏側にまわると洞が空いている

3

2. 筏場に降りると、それまで聞こえなかった水の音があちこちから聞こえてくる。そこには昔ながらのワサビ沢が広がっていた 3. 近くを流れている沢に手をいれてみると冷たくて気持ちがいい！

2

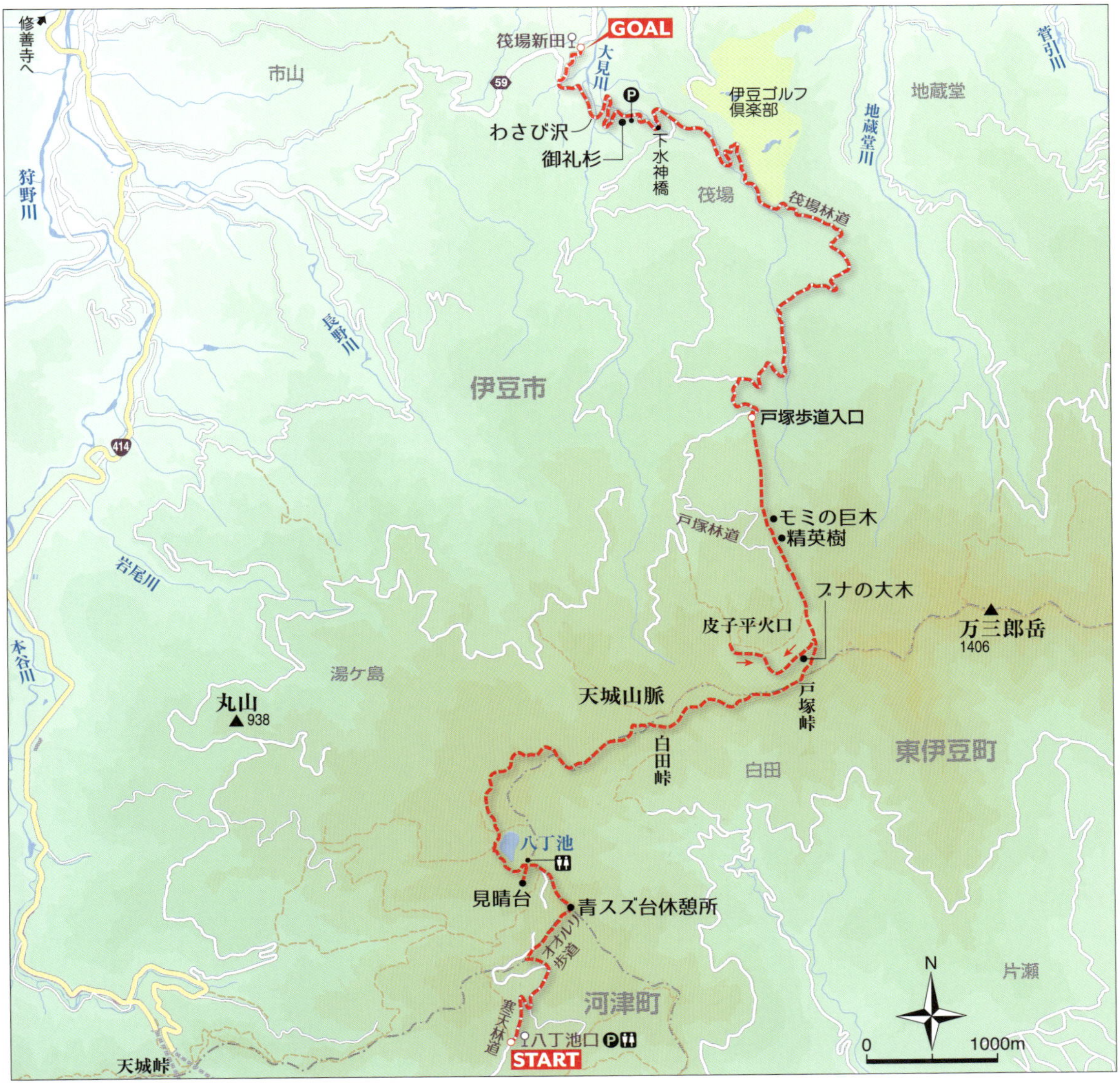

access

【往路】伊豆箱根鉄道修善寺駅→バス 73 分→八丁池口【復路】筏場新田バス停→バス 30 分→修善寺駅

オススメ point

湯の国会館

湯の国会館は、国道 136 号線沿いにある日帰り温泉。しっとりまろやか、癒しの泉質。目の前に狩野川が流れる露天につかれば、時を忘れてしまいそうだ。

■伊豆市青羽根 188　TEL 0558-87-1192

コースガイド

八丁池口バス停 20分 → コルリ歩道入口 20分 → 見晴台 10分 → 八丁池 70分 → 白田峠 30分 → 戸塚峠 30分 → 西皮子平 20分 → 戸塚歩道 50分 → 戸塚歩道入口 120分 → 筏場新田バス停

火山が生んだ清流の森を歩く

川端康成の名作『伊豆の踊子』の舞台になった旧下田街道を歩く。
浄蓮の滝を起点にしてジオポイントを見学しながら約6km。
本谷川のめぐみのワサビ沢や滝も点在。森林浴を楽しみながら歩くことができる。

文・高橋秀樹

course ⑩

難易度　★★★☆☆
歩行時間　約2時間40分
歩行距離　約6km

踊子歩道は
あっちだよ!!

ハイコモチシダ

1

1. 約17000年前の鉢窪山の溶岩にかかる滝、浄蓮の滝は、落差25m、幅7m、滝壺の深さは15mあり、伊豆半島の名瀑のひとつである 2. 左奥に見えるのが鉢窪山。伊豆高原にある大室山のようなスコリア丘だ 3. イワガラミは岩や木につたうツル性植物 4. 国道を横断して踊子歩道（旧下田街道）に入ると、景色が一変。里山ののどかな雰囲気になる

4

3

2

平日の朝にもかかわらず浄蓮の滝観光センターは結構賑わっていた。昔も今も浄蓮の滝は天城観光の目玉らしい。売店の脇をすり抜けると木立の間から狩野川の支流である本谷《ほんたに》川のせせらぎが見え、180段近くある石段を下った先に落差25m、幅7mの浄蓮の滝が飛沫を上げている。観光客のほとんどは記念写真を撮り、そそくさと引き上げていくようで、観瀑台の隅に立つ真新しいジオサイトの説明板の前で立ち止まる人は少ない。

浄蓮の滝は「日本の滝100選」に選ばれた美しい滝だが、観瀑台からは滝の醍醐味である迫力や飛沫浴にはやや欠ける。しかし、ジオの目で見ると、それを補う面白さがある。瀑布から目を移すと、整然とした切れ目を持つ柱状の岩壁がある。火山から流れ出した溶岩が冷えて固まったときにできる柱状節理だ。溶岩の隙間からは水が滴り落ちていて、大きなシダが垂れ下がっている。ハイコモチシダ（別名浄蓮シダ）といい、国内では伊豆と九州の一部でしか確認されていない珍しいシダなのだという。瀑布、柱状節理、浄蓮シダの3点セットで眺めてみると味わいも変わってくるかもしれない。

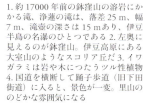

天城の清流の美しさは荒々しい大地と豊穣の森から生まれたものだ

滑沢火山から流れ出した溶岩が渓谷の底に流れ込み、その安山岩の一枚岩の上を滑るように流れる滑沢渓谷。新緑や紅葉など、四季折々にすばらしい渓谷美を見せてくれる

それにしても浄蓮の滝の溶岩はどこから流れてきたのだろうか。その答えは観光センターの駐車場から見える風景の中にあった。ジオガイドの清野博さんが指差したのは何の変哲もない山だ。鉢窪山（標高674ｍ）という。てっぺんまで植林されており、昔は茅葺屋根を葺くための茅刈り場だったそうだ。実は、この山、れっきとした火山なのだという。

「いまから1万7000年ほど前にドカンと一発やって終わった単成火山で、そこから流れ出した溶岩が茅野《かやの》溶岩台地をつくり、浄蓮の滝を生んだんです」（清野さん）。その証拠に、山頂には火口跡が窪みとして残っているという。「鉢窪」という名前も、その窪みに由来しているのだろう。

浄蓮の滝の駐車場から国道414号線を渡り「踊子歩道」に入る。いわずと知れた川端康成の『伊豆の踊子』にあやかった遊歩道だが、実はこの道は、旧下田街道の一部である。下田街道は海運の盛んだった江戸時代に風待港として栄えた下田と東海道の宿場として栄えた三島を南北に結ぶ約70㎞の街道だ。現在の国道414、136号線に相当する。『伊豆の踊子』は、大正7年（1918）、19歳の学生だった川端康成が下田街道を歩いたときの実体験がもとになっている。

踊子歩道は、しばらくは国道414号線の東側を平行して緩やかに上っている。この一帯は茅野と呼ばれる集落で、鉢窪山から流れ出した溶岩台地の上にある。歩道の脇には田んぼや旧家があり、山神様が祀られており、観光地とは違う山村の風景だ。道中には、天城にゆかりのある島崎藤村や横光利一といった作家の文学碑が立っている。集落を過ぎると杉林の道で、舗装路が土道に変わり、歩を進めるごとに自然が濃くなってくるようだ。浄蓮の滝を出発して50分ほどで道の駅「天城越え」（昭和の森会館）に着く。

道の駅からしばらく進むと森が深くなる。スギやヒノキといった大木に混じってヒメシャラやカエデといった落葉樹が混じる気持ちのいい森だ。森の中には山神様を祀る祠がある。江戸時代、この一帯は幕府の直轄領で木の伐採が厳しく制限されていた。スギ、ヒノキ、サワラ、マツ、ケヤキ、クス、カシは禁伐で、後にモミとツガも加わった。領民が伐採できるのは薪や炭にする雑木で、そ

天城自然ガイドクラブ／
認定ジオガイド
清野博さん

天城山に入って約40年。山とジオ、歴史と文学を合わせて案内してくれる。社会科の先生だった清野さんの説明は、とても分かりやすい。趣味は写真で、「天城の水と樹」をテーマに写真集を出している。撮影ポイントや撮り方を教えてもらおう。

1. 滑沢渓谷バス停の広場（駐車場）から再び踊子歩道へ入ると、しばらくもみじ林が続く。新緑の季節、青もみじが美しい 2. 踊子歩道沿いには島崎藤村、横光利一、井上靖の文学碑がたっている。横光利一の『寝園』の碑には、猪狩りの場面が刻まれ、5本のパイプは登場人物の性格を表現している 3. 樹高53mもある太郎杉。その大きさに圧倒される 4. 滑沢林道入口の左手の崖にみられる露頭。赤いスコリアをたくさん含む地層はまるでチョコレートケーキのようだ

の雑木を伐採した後にはお礼にスギを植えた。山中には、そうやって植えられた「お礼杉」が残っている。

道の駅から20分足らずで滑沢渓谷の入り口に着く。滑沢渓谷に下りる道の途中で清野さんが足を止め、崖の説明を始めた。「これは、滑沢渓谷のバス停から500mくらい東にあるエサシノ峰が噴火して、そのときに噴出したスコリア層と溶岩流」なのだという。赤茶けているのは噴出物に含まれた鉄分が空気に触れて錆びたからだ。「ほーっ」という声に振り返ると、滑沢渓谷入り口で道を尋ねられた老夫婦が説明に聞き入っており、飛び入り歓迎の愉快な観察会になった。

滑沢渓谷は、紅葉と渓流が織りなす景勝地として知られているが、春は新緑が眩しく、夏は涼しくて気持ちがいい。本谷川に架かる橋を渡ると、近くに天城湯ヶ島で多感な少年時代を過ごした井上靖の処女作『猟銃』の一節を刻んだ文学碑が立っている。

文学碑から本谷川沿いに少し下ると小さな石橋が架かっており、本谷川に滑沢が合流している。〝滑沢〟は、文字通り、つるつると滑らかな川床を水が流れている。本谷川や滑沢付近の川床の正体は一枚の溶岩なのだ。水際に降り立つと水に濡れた岩は黒々と光沢を放っており、ところどころに割れ目が入っている。火山から流れ出した溶岩が冷やされるときの収縮によってできた亀裂（節理）だという。その後、溶岩の上を水が流れ、長い歳月をかけて磨かれたのが滑沢渓谷なのだ。溶岩の出所は「滑沢火山」と推定されているが、その噴火時期は特定できていないという。

滑沢沿いの遊歩道を3、40分ほど登っていくと、右手の奥にスギの巨木がすっくと立っていた。推定樹齢450年以上、樹高53m、幹周り13.6mの太郎杉だ「森の巨人たち100選」にも選ばれている天城一の大スギである。周囲のスギを従えるように空に向かって伸びる姿には威厳が漂う。巨木を堪能した後、来た道を本谷川に戻り、少し下流に歩いたところで河原に降りると、目の前に滝が現れた。「竜姿の滝」だ。やはり溶岩でできており、名前通り、岩が竜の背中のように曲がりくねっていて味のある滝だ。滝が起こす風が歩き疲れた体に心地よかった。

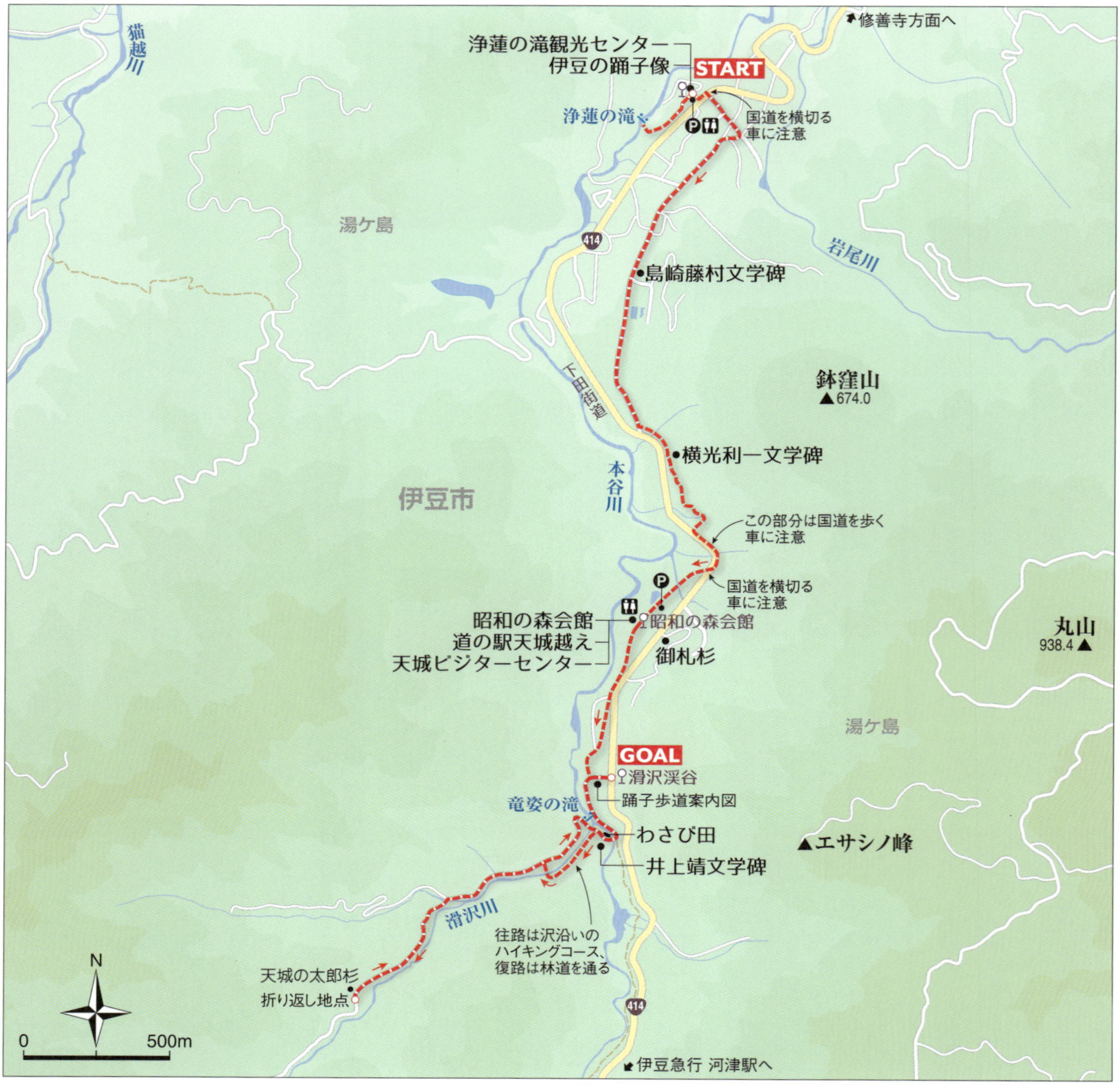

access

【往路】伊豆箱根鉄道修善寺駅→バス 35 分→浄蓮の滝【復路】滑沢渓谷バス停→バス 39 分→修善寺駅

オススメ point

山里の宿しきや

狩野川のせせらぎをＢＧＭに、かけ流しの温泉が楽しめる。熱めのお湯が心地よく、体の芯までしみるよう。日帰り入浴を希望する場合は事前に問い合わせのこと。

■ 伊豆市湯ヶ島 1652　TEL 0558-85-1377

コースガイド

浄蓮の滝駐車場 ← 20分 → 踊り子歩道 ← 50分 → 昭和の森会館 ← 15分 → 石廊崎測候所 ← 10分 → 滑沢橋 ← 30分 → 太郎杉 ← 30分 → 竜姿の滝 ← 10分 → 滑沢渓谷バス停

SHUZENJI

修善寺温泉史跡コース

温泉街に露出する古い地層を探せ

伊豆の中でも人気の温泉地、修善寺は源氏興亡の哀史の舞台となった土地で、歴史的スポットが数多い。情緒たっぷりのお寺や神社、源氏ゆかりの史跡を巡る。梅や紅葉の季節の楽しみを添えればさらに魅力的。

文･高橋秀樹

にゃんこのおみくじ！

course ⑪

難易度　★☆☆☆☆
歩行時間　約2時間
歩行距離　約4.5km

修善寺の歴史は修禅寺に始まるといわれる。ならばと修禅寺から歩き始めることにした。山門をくぐった右手にある手水舎《ちょうずや》にはかすかに湯気が立っている。柄杓で手を洗うと温かい。温泉である。修禅寺は807年に真言宗の開祖である弘法大師・空海（774〜835年）によって開かれたと伝えられ、もともとは桂谷山寺という。鎌倉時代以降は臨済宗、曹洞宗と禅宗のお寺となって今日に至っている。

「空海は修禅寺だけではなく、ジオポイントになっている独鈷《とっこ》の湯を開湯したといわれているんです」と解説するのはジオガイドの安永常次さんだ。

桂川で病身の父の身体を洗う子どもの孝行ぶりに感心した空海が、持っていた法具の独鈷で川床の岩をトンと突いたところ湯が湧き出したというのだ。いまでも毎年4月21日の弘法忌には独鈷の湯を汲み修禅寺に献上する湯汲み式が行われる。空海が温泉を掘り当てたという伝説は全国各地にある。遣唐使として中国に渡った空海は知識を深め、日本に帰ってから治水・土木工事にも関わっている。地下鉱脈にも詳しかったらしい。空海は山師だったのか。

いやこの国における先駆的ジオロジストだったのかもしれない。

『修善寺の歴史』（長倉書店刊）という本の中に修善寺の最も古い風景を詠んだ漢詩が紹介されている。虎関師錬（1278〜1346年）という鎌倉時代の僧の漢詩で＜碧流が川流の中の石につきあたって早瀬をなし、その川音は一段と高く山にとどろく（中略）。川の中にみえるごつごつとした岩の間から温泉が勢いよく噴出している（後略）＞とある。

「江戸時代には桂川の河原沿いに独鈷の湯を始めとして筥湯、石湯、稚児湯、瀧の湯、寺の湯、白糸の湯の7つの外湯（共同浴場）があり、近在の人たちの湯治場だったようです」（安永さん）。明治に入ると、これら7つの外湯のほかに次々と温泉が掘られ、旅館が建ち並ぶようになった。現在、古い外湯の面影を残すのは独鈷の湯だけである。

独鈷の湯は桂川の河原にある露天風呂だ。空海伝説にあるように、いかにも岩をくりぬいたような湯船である。10数年前、この湯に浸かったことがある。昼間はさすがに観光客の目が気になって夜ひっそりと浸かっているうちに地元のオジサン、オバサンも一緒になって四方山話に花が咲いたのをよく覚えている。残念ながらいまは足湯だ。

ジオの目で桂川の河原を歩いてみると、川床が岩盤で覆われている。それがよく分かるのが赤蛙公園付近の河原だ。安永さんが「これらの岩盤は、いまから1500〜1000万年前に海底火山によって作られた〝湯ヶ島層群〟と呼ばれ、伊豆半島では〝仁科層群〟（2000〜1600万年前）に次ぐ古い地層です」と説明する。「ということは、その古い湯ヶ島層群というのが露出しているわけですか？」と質すと「そうです」と安永さん。

伊豆が本州に衝突していまのような半島になったのが60〜20万年前といわれる。それよりはるか昔のことだ。いずれにせよ気の遠くなるような地球史レベルの話でなかなかピン

1. 達磨山の西の谷に位置する修善寺温泉。谷沿いに流れる桂川沿いには伊豆が海底火山だった頃に海底に降り積もった火山灰や軽石からできた岩盤が分布している。そしてその岩盤の中から温泉が湧き出している 2. かつては修善寺温泉に7つあった外湯のひとつ、独鈷の湯。以前は桂川の真ん中にあり、戦前までは岩の隙間から湯が湧き出していたそうだ。今は足湯として観光客の人気を集めている 3.4 その昔、修禅寺の鎮守様であった日枝神社。樹齢800年の「子宝の杉」や、高さ25 m、根回り5.5 mの一位樫がある 5.6 ハリストス正教会は、尖塔屋根や軒下の持ち送り（葡萄の飾り）、入口上部の半円形欄間など、当時の洋風建築の要素を取り入れている

3

1

2

5

4

6

とこない。目の前に、そんな古い地層がむき出しになっていると聞けば「フム、フム」と、にわかジオロジストにでもなったような気分になるから不思議だ。

河原の岩盤をよく見ると、ところどころ、きれいな緑色をしている。「湯ヶ島層群の特徴のひとつで〝緑色凝灰岩〟と呼ばれており、地下の熱水によって変質したものです」（安永さん）昔から「湯ヶ島層群が露出するところに温泉はある」とか「ボーリングが湯ヶ島層群に到達すれば温泉が出る」といわれてきたらしい。湯ヶ島層群は温泉にとって重要な地層であるらしく、この地層の名前の由来になっている天城湯ヶ島も、川端康成ゆかりの名湯の地として知られる。

さて、地学のお勉強はこのくらいにして、歴史散歩も楽しみたい。なにしろ〝伊豆の小京都〟と呼ばれるほど歴史は古い。とりわけ鎌倉幕府とのゆかりは深い。伊豆は鎌倉幕府の第1代将軍となった源頼朝が少年時代に流刑になり、後に「尼将軍」と呼ばれる北条政子と一緒になった地だ。そして修善寺は150年ほど続いた鎌倉幕府の暗い歴史をいまに伝えている。

修禅寺のすぐ側にある日枝《ひえ》神社は、明治時代の神仏分離令以前は修禅寺の守護社だった。境内には推定樹齢800年の大杉が2本そそり立っており、その間を通ると子宝に恵まれるというご利益があるそうで子宝の杉と呼ばれる。桂川に沿って下って伊豆半島ジオパークミュージアム「ジオリア」近くから対岸に渡った辺りに、いきなり古い洋風の建物が現れる。ロシア正教の信者でもあった老舗旅館の館主の提案で明治45年（1912年）に建てられたハリストス正教会だ。

認定ジオガイド
安永常次さん

天城の自然に魅了されている安永さん。中伊豆エリアのジオに歴史や文化、自然を絡めたツアーを得意とする。旭滝や筏場のわさび沢、姫の湯断層、蛇喰山崩壊跡など、中伊豆の魅力的なジオサイトを紹介してくれる。

歴史的スポットがあふれる修善寺の町

7

8

9

10

7. 石畳の坂道など情緒あふれる修善寺の町 8. 指月殿の隣にたつ源頼家の墓。墓の近くにある十三士の墓は、頼家暗殺に謀叛を企てたが殺された頼家の家臣の霊を祀ったもの 9.10 指月殿は北条政子が息子頼家の冥福を祈って建立した。平安時代後期に造られたと推定される金剛力士像は、2014年秋、修禅寺に新設した仁王堂に納められた

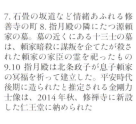

対岸の道を独鈷の湯のほうへ引き返すと再び和の世界。伊豆最古の木造建築といわれる指月殿だ。源頼朝の嫡男で第2代将軍・頼家の冥福を祈って実母である北条政子が建立した経堂で裏手にはその墓がある。23歳の頼家の死は身内である北条氏によって幽閉された後の暗殺。鎌倉時代初期の史論書『愚管抄』によると、入浴中の惨殺だったようだ。修善寺には源頼朝の異母兄弟である源範頼の墓もある。頼朝によって修禅寺に幽閉され、その後に誅殺されたともいわれている。

われわれ一行は桂川を離れ、少々きつい山道を登って修善寺梅林を訪ねた。この小高い山には樹齢100年を超える古木を始めとするおよそ1000本の紅白梅が植えられており、春の匂いが漂っていた。晴れた日には富士山を望める梅林だ。梅林からバス停のある県道を下って温泉街へと戻った。「歩いた後は、やっぱり温泉でしょ」ということで風呂に浸かることにした。

独鈷の湯は足湯になってしまったが、その代わりに2000年に日帰り温泉「筥湯《はこゆ》」が昔の名前で復活している。木造の湯船に長々と手足を伸ばしているうちに源頼家の悲劇を書いた岡本綺堂（1872〜1939年）の戯曲『修禅寺物語』の一説が浮かんできた。〈温かき湯の湧くところ、温かき人の情も湧く。恋を失いし頼家は、ここに新しき恋を得て、心の痛みもようやく癒えた。今はもろもろの煩悩を断って、安らけくこの地に生涯を送りたいものじゃ〉。

1

2

3

1.2 街中を離れ、源頼家の墓を見ながら梅林へ向かう。幹線道路を使わないルートは、住宅街を抜けたり、山道を登ったりと変化に富んでいる 3.4 小高い丘陵地に若木から老木まで20種1000本の紅白梅が植えられている修善寺梅林。「梅まつり」は毎年2月初旬から3月中旬まで開催。園内には岡本綺堂の「修禅寺物語碑」や、高浜虚子、尾崎紅葉といった修善寺ゆかりの句碑がある

4

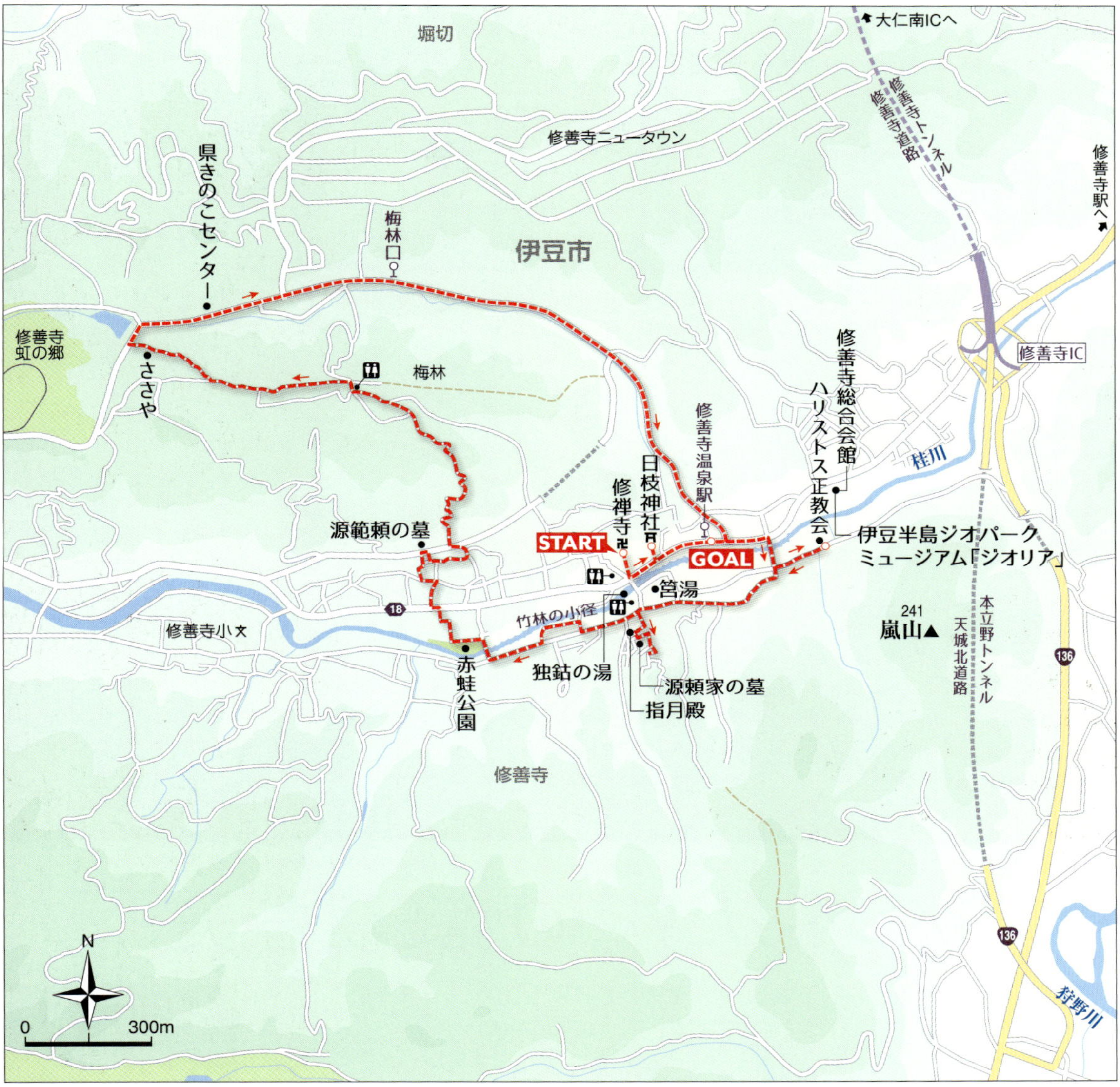

access

【往路】修善寺駅→バス7分→修善寺温泉駅【復路】修善寺温泉駅→バス7分→修善寺駅

オススメ point

筥湯《はこゆ》

温泉街の真ん中にありアクセスの良い日帰り温泉施設で、檜の浴槽のみのシンプルなつくり。入浴後は併設する高さ 12 mの仰空楼（入場無料）で涼むのもおすすめ。

■伊豆市修善寺 924-1 TEL 0558-72-5282

コースガイド

修善寺
↓ 10分
ハリストス正教会
↓ 10分
指月殿
↓ 15分
源範頼の墓
↓ 30分
修善寺梅林
↓ 10分
修善寺自然公園
↓ 45分
修善寺温泉駅

八丁池付近のブナ林を源とする河津川上流の隠れた銘瀑「平滑の滝」。幅20ｍもの大きな一枚岩を滑るように落ちる様は圧巻

溶岩がつくった7つの滝と渓谷美

踊子歩道の水生地下から旧天城トンネルを抜けて河津七滝めぐりへ下りる約5時間のコース。季節ごとにさまざまな表情を見せる天城の森、明治にタイムスリップできそうなトンネル、そして滝づくしと変化に富んでいる。

文・高橋秀樹

まるで怪獣の卵！
なまこ岩

course ⑫

難易度　★★★☆☆
歩行時間　約4時間30分
歩行距離　約10㎞

〝道がつづら折りになって、いよいよ天城峠に近づいたと思う頃、雨脚が杉の密林を白く染めながら、すさまじい早さで麓から私を追ってきた。…〟——は川端康成『伊豆の踊子』の書き出しだ。天城山の年間降雨量は3000～4000㎜と全国平均の倍以上。〝私雨《わたくしあめ》〟という言葉があるほど雨の多い土地柄だ。そのことが天城の自然の表情を豊かにしている。

水生地下《すいしょうちした》バス停から「踊子歩道」（国道414号旧道）を天城隧道へと向かった。本谷川の沢音を聞きながら進むとケヤキの巨木のたもとに『伊豆の踊子』の冒頭を刻んだ文学碑があり、ケヤキも碑石も苔むしていた。歩き始めて20分もすると水生地。この聞きなれない名前の由来は知らないが「ちょっと見せたいものが。寄り道していきましょう」というジオガイドの土屋光示さんについていくと、そこには〝水が生まれる地〟にふさわしい光景が広がっていた。

本谷川支流の藤ヶ沢沿いの歩道は、ブナやカツラ、ケヤキ、サワグルミといった木々がうっそうと茂り、沢の水はそのまますくって飲めそうなほどだ。歩道沿いには松本清

水生地の氷室から10分ほど歩くと、なまこ岩が現れる。山の斜面に横たわる大きな一枚岩は、まるで生き物のよう

1

2

3

1.踊子歩道、わさび沢の横にある伊豆の踊子文学碑と川端康成のレリーフ 2.大正初期から昭和初期にかけて人工的に天然氷を製造し、夏の需要期まで貯蔵していた氷室。天然氷は天城や下田の旅館や飲食店で使われたという。この氷室は松本清張の小説「天城越え」にも登場する 3.うっそうとした森の中、なまこ岩へ向かう

張の推理小説『天城越え』の舞台で、物語の鍵になっている氷室や天然氷をつくるための池の跡が残っている。そして沢沿いに10数分登ると山の斜面に「なまこ岩」と呼ばれる巨大な岩が横たわっていた。巨大なまこの背中には苔やシダや木々が茂っており、その脚は柱状節理を思わせるが、まだきちんとは調査されていないという。その姿は映画『風の谷のナウシカ』に登場する王蟲を思わせた。

水生地に戻り、河津方面へと歩くこと約20分で天城隧道（標高710m）だ。日露戦争の始まった明治37年（1904）に完成した全長約445m、幅4・1mの石造りのトンネルである。国内に現存する石造トンネルでは最長で、技術的な完成度が高く、国の重要文化財になっている。トンネル内はひんやりとして、ガス灯を思わせる照明がレトロな雰囲気を醸しているが、時折、バイクや車が通る現役の国道でもある。

天城隧道（天城峠）は分水嶺でもある。トンネルを抜け、しばらくつづら折れの道を下って行くと沢の音が聞こえてきた。先ほどの本谷川は狩野川となり駿河湾へ注ぐが、こち

らの沢は相模灘に注ぐ河津川本流の源流だ。沢にかかっている小さな橋は「寒天橋」である。寒天橋を過ぎてまもなく、このコースで最初の滝が現れた。河津七滝《かわづななだる》ではないが、二段になった落差20mの滝の名は二階滝。道端の観瀑台からは木々に囲まれ、その全容は見づらいが、秋の紅葉期には絵になりそうな滝だ。

国道414号を横切り、「踊子歩道」は山道になり、深い谷をジグザグに下る。二階滝から40分ほど下ると水の気配が濃くなった。小さなワサビ沢が点在し、その近くに河津川上流部の岩盤の上を滑り落ちる平滑の滝がある。観光客の姿もなく、水遊びをしたくなるような気持ちのいい滝だ。河津川にかかるトラス橋を渡り、河津川沿いの森を下って行くと、やがて通称「宗太郎杉林道」と呼ばれる立派な杉並木に出る。旧下田街道の一部だ。路傍には苔むし、風化した石仏や供養碑が点在しており、そのなかには「安永7年（1778）」と刻まれた物もあった。

杉並木を抜けてしばらくすると猿田淵へ向かう木製階段を下る。川の展望台からはなめらかな岩肌を幾重にも滑り落ちる渓流が目に入る。

小説や歌にも歌われた風情あふれる峠道をゆく

2

3

4

2. 明治10年に植えられた樹齢100年を超える杉が立ち並ぶ宗太郎杉並木。宗太郎というのは昔この地を開発した人の名前 3. 二本杉峠（旧天城峠）ルートの分岐点にあるモミの巨木。幕末、ハリスや吉田松陰は二本杉峠を越えた 4. 新緑や紅葉の季節に訪れたい二階滝

1. 旧天城トンネル（天城山隧道）は、アーチや側面などすべて切り石で造られている

やっと河津七滝のひとつ釜滝にたどり着いた。

落差22ｍの滝だが、その周りの岩壁と相まって独特な景観をつくっている。滝壺から舞い上がる飛沫が崖を駆け上がるさまはなかなか壮観だ。対岸の岩壁は、溶岩が冷えて固まるときにできる柱状節理だ。滝の側の、毛筆で書かれた古い「七滝の特徴」という説明板には、柱状節理の説明が書かれており、昔から地質学的に面白い観光地であったようだ。

河津七滝の生い立ちは2万5000年ほど前にさかのぼる。天城峠から南東2㎞ほどのところに「登り尾（標高1057ｍ）」という天城連山から張り出した尾根と呼んだほうがいい山がある。その山の南斜面（標高約700ｍ付近）で噴火が起きた。「登り尾南火山」である。急斜面で噴火が起きたために、火山そのものの痕跡は不明瞭だというが、注目されるのは、そこから流れ出した溶岩だ。

「その溶岩流は登り尾の斜面を西南西に1.5㎞ほど流れ下り河津川に達した後、川沿いに谷を埋めながら2㎞ほど下った。ここの溶岩は玄武岩質で、溶岩の中でも粘性が低く流

6. 七滝の上流にある猿田淵の岩盤は溶岩が冷えて固まるときの収縮でできた柱状節理が刻まれている 7. 猿田淵から釜滝まで、階段がついていて歩きやすい。初景滝からエビ滝の間には46 ｍの吊り橋ができた

天然自然ガイドクラブ会員／認定ジオガイド
土屋光示さん

河津生まれの河津育ち。年間100日以上天城に入り、ガイドや自然保護活動、植生の調査などを行っている。天城のブナをこよなく愛する男。

8. 登り尾南火山からの溶岩が覆いかぶさるように迫る豪快な釜滝。柱状節理は谷底を流れた溶岩からできているため、複雑な形をしている

3

2

1

ジオ的見どころ たっぷりの七滝

4

1. 大滝へ降りる遊歩道は8：00～18：00でオープンしている（6～9月は～19：00）2. ヘビ滝は柱状節理の上を水流が蛇行していることからこの名が付いた 3. カニ滝は高さ約2m、幅約1mの小さな滝。水流で削られた柱状節理のふくらみがカニの甲羅のように見える 4.2つの流れがここで出合い、ひとすじになるから出合滝という。滝の両側の柱状節理が美しい 5. 初景滝には『伊豆の踊子と私』の像がある 6. 七滝の中では様子が違う、ツルッとした岩肌のエビ滝。この滝だけ伊豆が海底火山だった頃の古い地層が露出している

れやすい性質を持っています。溶岩が冷えて固まった後に、水が流れ長い歳月をかけて浸食され、段差には滝がかかった。それが約1．5kmの河津七滝」（土屋さん）なのだという。また、溶岩は冷えて固まるときに方状、板状、柱状などに割れるが、河津七滝はほとんどが柱状節理だ。

5

6

　釜滝の次がエビ滝。形がエビの尻尾に似ていることから名付けられたらしいが「うーん、ビミョー」というのが同行者の声。お次のヘビ滝は、六角形に近い柱状節理の割れがヘビのウロコのようだ。さらに下って行くと観光客の数が増えてきた。さすがに観光名所だけある。初景滝は、昔、初景という名前の僧侶が、ここで修行をしていたことが名前の由来だ。ここには『伊豆の踊子』のブロンズ像が立っており、格好の撮影ポイントになっているようだ。

　さらに下るとカニ滝。こちらも柱状節理の模様がカニの甲羅に似ているところから来ている。出合滝は二筋の渓流が合流するところにある滝で、柱状節理の美しさが際立つ。そして最後に落差30m、幅7mの、七滝で最大の大滝である。この滝の河原には温泉が湧き出しており、湯船に浸かりながら、その豪快な瀑布を体感できる（有料）。伊豆の火山史では2万5000年前と若いこともあって岩石が新鮮で、柱状節理が明瞭で美しいところが、河津七滝の一番の魅力といっていいだろう。

access

【往路】伊豆急行河津駅→バス約45分→水生地下下車【復路】大滝入口→バス約20分→河津駅

オススメ
point

わさび園かどやのわさび

わさび農家が経営する販売店。食堂の看板メニュー「生わさび付わさび丼」は、ご飯、わさび、鰹節、しょう油というシンプルなもの。昼は14時までで売り切れ次第終了。

■河津町梨本371-1 TEL 0558-35-7290

コースガイド

水生地下 ← 30分 ← なまこ岩 ← 40分 ← 天城隧道 ← 25分 ← 寒天橋 ← 40分 ← 平滑の滝 ← 20分 ← 宗太郎園地 ← 30分 ← 猿田淵 ← 10分 ← 七滝巡り ← 70分 ← 大滝入口

伊豆の自然 植物

Flowers in IZU Peninsula

伊豆半島には種子植物とシダ植物を合わせると、2000種類ほどの植物が知られ、地域ごとに特有な種類もあります。明治以降は御料林、国有林野国立公園として保護され、豊かな自然が残っています。

伊豆半島には多様な植物が、海岸、山地、市街地に分散して分布しています。場所ごとに分布に違いがあるのは、気候、地形、地質や人との関わりなどが広がったからで、地史に由来する分布もあります。

海岸にはクロマツ、イブキ、ウバメガシ、ヤブツバキの林が各地にあり、砂礫海岸ではハマヒルガオ、ハマエンドウ、コウボウムギなど地下茎が這う種類、岩崖や岩上にはイソギク、アゼトウナ、スカシユリなど、林縁にはガクアジサイ、ハコネウツギ、トベラなど花木の群落があります。市街地は帰化植物が広がっていますが、山地に入ると海岸とは違う植物が見られます。伊豆は最高峰が天城連山、万三郎岳の海抜1405mなので高山植物はありません。標高800m付近を境にして、下部にはシイ・カシ林に代表される照葉樹林、上部には夏緑樹林が広がっています。

低地に見られるシイ・カシ林は、シイ類はスダジイが多く、カシ類はウラジロガシが多く、アラカシが谷間や神社の森に広く分布しています。標高が高くなるとアカガシ、ツクバネガシ林に移行します。林内に多いのはイズセンリョウ、コアジサイなどで、フオッサマグナ地域に特有なマメザクラ、タテヤマギク、オトメアオイなども見られます。

天城連山は尾根沿いにブナ林やイヌツゲ、アセビの林があります。伊豆のブナは日本海側のブナに比べると葉が小さいのが特徴です。トウゴクミツバツツジ、アマギツツジ、アマギシャクナゲも群生しています。林内には天城山の名の由来になったといわれる、甘茶の材料になるアマギアマチャがあります。

また、伊豆半島は日本屈指のシダ植物の産地で、400種類ほどが分布しています。雨量が多く火山活動でできた谷間は湿度が高く、シダの生育に適しているからで、浄蓮の滝で発見された、ハイコモチシダ（ジョウレンシダ）やナチシダなど天然記念物に指定されている群落もあります。

池や湿地は一碧湖、八丁池、シラヌタ池、細野湿原などがあり、モウセンゴケなどの食虫植物やミズチドリなどのラン類、ジュンサイ、アヤメ、チョウジソウ、スゲ類などの水湿生植物が分布しています。

伊豆半島には固有な植物も多数ありますが、これらは、地史的な要因、活発な火山活動、強い潮風の影響を受けたことなどが原因で生じたと考えられています。山地のアマギツツジ、アマギシャクナゲ、イズカニコウモリ、アマギテンナンショウ。海岸のイズアサツキ、シモダカンアオイ、ハチジョウキブシ、ソナレセンブリなどで、これらの中には、伊豆の地名が付けられている種類もあります。また、伊豆が分布の北限・東限になる植物も多く、シダ植物ではハイコモチシダ、リュウビンタイ、シロヤマゼンマイ、種子植物ではコガクウツギ、ウンゼンツツジなどがあります。

植林では、江川太郎左衛門が伊豆の代官であった頃、ケヤキ、ヒノキ、スギ、マツ、カヤ、モミ、ツガ、クス、カシの9種類を禁伐として保護し、その他の雑木は自由に伐採させ、跡地にスギを植えさせました。その時の御礼杉が、「天城の太郎スギ」に代表されるような大木になり今も残っています。（静岡県自然史博物館ネットワーク 杉野孝雄）

ハチジョウキブシ
－キブシ科－

海岸近くに生える落葉低木。静岡県内の各地にあるキブシに比べ、枝は太く、葉や果実は大きい。3月に淡黄色の花を開く。伊豆海岸の各地にある。

シモダカンアオイ
－ウマノスズクサ科－

常緑の多年草。葉は広卵形。葉柄は緑色で、一部紫色を帯びる。4～5月に地面に接して筒形釣鐘状の花を開く。南伊豆にある。伊豆の固有種。

ガクアジサイ
－アジサイ科－

海岸沿いに生える、落葉または半常緑低木。高さ2～3m。6～7月に淡青紫色の普通花と飾花をつける。伊豆海岸に広く分布する。

夏から秋にかけて、伊豆半島では多くの草花に出会える。

ハコネウツギ
－スイカズラ－

海岸沿いの林縁や谷間に生える落葉低木。5～6月に始め白色、後に赤みを帯びる花を開く。伊豆の沿海地に広く分布する。栽培もされる。

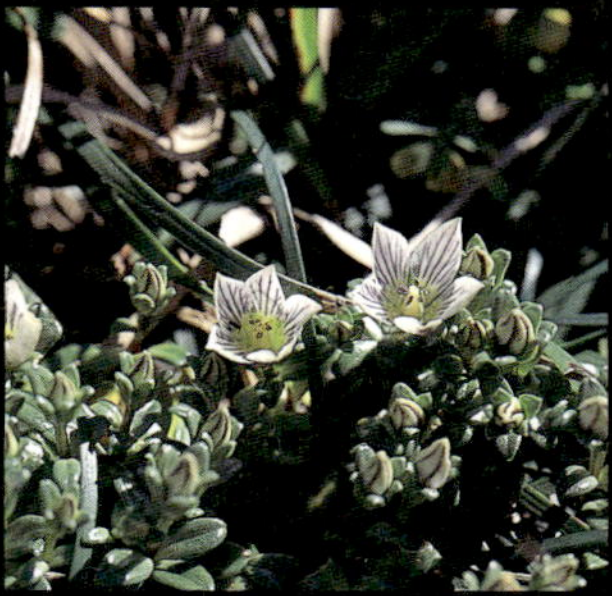

ソナレセンブリ
－リンドウ科－

海岸に生える1年草。葉はへら形で多肉質。10～11月に黄白色で紫脈のある花を開く。下田市に分布。伊豆と伊豆諸島の固有種。

ハマヒルガオ
－ヒルガオ科－

海岸の砂地に生える多年草。葉は腎心形で、厚く光沢がある。5～6月に淡紅色の花を開く。伊豆海岸の各地にある。

スカシユリ
－ユリ科－

海岸の砂地や岩場に生える多年草。草丈20～60cm。6～8月に橙赤色で斑点のある花を上向きに開く。伊豆海岸の各地にある。栽培もされる。

アゼトウナ
－キク科－

海岸の岩上に生える多年草。ロゼット状に倒卵形の葉をつける。8～12月に黄色の頭花をつける。伊豆海岸の各地にある。

イソギク
－キク科－

海岸の崖地に生える多年草。葉は倒披針形で、裏面は毛が密にあり白色。10～11月に黄色の頭花をつける。伊豆海岸の各地にある。

チョウジソウ
―キョウチクトウ科―

湿った草地に生える多年草。草丈40～80cm。葉は披針形。5月に青藍色の花を開く。伊東市は静岡県内唯一の産地。栽培されることもある。

ジュンサイ
―ジュンサイ科―

古い池に生える多年草。葉は楕円形で裏面は紫色、水面に浮かぶ。6～8月に紫褐色の花を水面で開く。東伊豆町の湿地にある。若芽は食用。

イズアサツキ
―ヒガンバナ科―

海岸の岩地に生える多年草。花茎は20～30cm。花は球形に集まり、4～月に白紅紫色の花を開く。下田市に分布する。伊豆の固有種。

山地から海岸線まで多彩な植物が生息。

コガクウツギ
―アジサイ科―

山地に生える落葉低木。葉は長楕円形、枝は紫色で光沢がある。5～7月に白色の正常花と飾花をつける。伊豆の山地に分布。伊豆は分布の東・北限。

アマギアマチャ
―アジサイ科―

山地に生える落葉低木。葉は小さくて細い。甘味が強く、甘茶の原料になる。6～7月に白色の普通花と飾花をつける。伊豆の山地に分布。伊豆特産。

ミズチドリ
―ラン科―

山地の湿地の生える多年草。草丈50～90cm。6～7月に多数の白色の花を開く。花には芳香がある。東伊豆町の湿地にある。

アマギツツジ
―ツツジ科―

山地に生える落葉低木。高さ3～6m。葉は広いひし形で長毛を散生、枝先に3枚を輪生する。6～7月に朱色の花を開く。天城山と日金山に分布。

トウゴクミツバツツジ
―ツツジ科―

山地に生える落葉低木。高さ2～3m。葉は広いひし形、裏面の主脈に綿毛を密生。4～5月に紅紫色の花を開く。温帯山地の尾根に広く分布。

マメザクラ
―バラ科―

山地に生える落葉小高木。高さ3～8m。4～5月に白色～淡紅色の花を開く。箱根・富士山周辺から伊豆に分布する。伊豆の山地に広く分布する。

タテヤマギク
－キク科－

山地に生える多年草。草丈30～60cm。葉は広卵心形で大形の鋸歯がある。8～10月に舌状花が白色の花を開く。伊豆、富士、箱根に分布する。

アマギシャクナゲ
－ツツジ科－

山地に生える常緑低木。高さ2～4m。若枝に白色の綿毛がある。5～6月に紅紫色の花を開く。天城山周辺と長九郎山、猿山に分布する。

アマギテンナンショウ
－サトイモ科－

山地に生える多年草。草丈20cmほど。葉は通常1枚。5月に仏炎苞のある花をつける。東伊豆町で発見、命名。伊豆の固有種。

ナチシダ
－イノモトソウ科－

常緑性のシダ植物。高さ1mほどになる。葉は基部で3裂、全体は五角形になる。千葉県以西の暖地にある。伊豆の山地に広く分布する。

ハイコモチシダ
－シシガシラ科－

常緑性のシダ植物。葉は大形で1.5m。葉面に1～3個の小苗を付ける。日本では伊豆と九州南部に分布する。伊豆は分布の北東限。

ウンゼンツツジ
－ツツジ科－

半常緑性の低木。高さ1m前後。葉や花は小さい。4～5月に淡紅紫色の花を開く。静岡県内では伊豆の山地に分布する。伊豆は分布の東・北限。

天城の太郎スギ
－静岡県指定天然記念物－

シロヤマゼンマイ
－ゼンマイ科－

リュウビンタイ
－リュウビンタイ科－

伊豆の自然 海の生物

Fish in IZU Peninsula

伊豆半島は駿河湾と相模湾、相模灘という豊かな海に囲まれ、恵まれた漁場と美しい海岸線を持っています。東西で景観も生物環境も大きく異なっているのも伊豆半島の特徴です。

伊豆半島の沖には黒潮が南西から勢いよく流れています。石廊崎の先端に当たった黒潮の一部は半島西岸に沿って北上し、残りはそのまま東に進みます。八丈島から大島にかけて壁のように連なっている伊豆海嶺は、黒潮にとって大きな障壁となっており、流れは半島付近でさまざまに変化しています。また、伊豆東岸では初夏に吹く強い南西風で沿岸の海水が沖に押し出され、下層の冷たい海水が持ち上がる〝沿岸湧昇〟が起こり、局所的に水温が低くなることがあります。このような環境の変化は伊豆半島がそこにあることによって、引き起こされる現象です。

海中林

伊豆半島では、海の環境が東西で異なっているため、そこに生える海藻や生物相にも違いがあります。半島東岸は大型のコンブ科の海藻のカジメやアラメが繁茂し、海中林を形づくっています。これらは一年中生えていて、豊かな海の森として多くの生物を育んでいます。一方で、半島西岸には海中林は少なく、秋から春にかけてホンダワラ類を中心としたガラモ群落がみられます。初夏にちぎれたホンダワラ類が流れだすと、魚の子どもたちがそれを隠れ家として利用し、伊豆半島各地に分散します。代表的な魚はマアジやモジャコ（ブリの子供）で、遠く九州やさらに南方からくるといわれています。伊豆半島の近くに生息するイシダイやカワハギなども生まれたての稚魚が流れ藻に付き、各地に分散・定着していきます。藻が流れる季節になるとタイドプールや浅瀬にはこれらの魚の姿が急に増えてきます。

また、食用にもなるバテイラ（通称シッタカ）は、半島東岸に多く西岸ではほとんどの地域で分布していません。半島西岸でバテイラと同じ生息環境を利用するのはギンタカハマです。また、卵胎生という珍しい生活史を持つ魚のウミタナゴは半島東岸では普通にみられ、岸壁や磯釣りの対象としてなじみの深い魚ですが、西岸ではほとんど見られず、そのうちの1種であるアオタナゴが波の静かな港の奥などにわずかに見られる程度です。近年ダイビングの普及にともなって詳しい生態がわかってきたものでは、同じ種類のハナダイの仲間でも東西で生息水深が異なり、半島東岸では水深30mも潜らないと見られないのに、半島西岸では10mも潜れば群れをなして泳ぐ姿が見られるといった例があります。半島西岸は石廊崎から黒潮が直接流入することから南方系の生物が多く見られ、サンゴ礁が点在することも知られています。そこには夏の間だけ生きて冬には死んでしまう死滅回遊魚の姿も見られます。沖縄でも生きたサンゴの付近にしか生息しないスミツキトノサマダイやヤリカタギなどの子どもが伊豆半島の小さなサンゴ礁に群れているのです。

このように、伊豆半島周辺の海は地形と黒潮に影響を受けて、変化に富んだ環境を作り出し、多彩な生物を育む豊かな海になっています。

（静岡県経済産業部水産業局水産振興課 川嶋尚正）

ガラモ場

シズクトラギス

深海の底引網でまれに漁獲される。駿河湾だけでなく、熊野灘にも生息する。生態等はほとんどわかっていない。

フウリュウウオ

深海の底引網で漁獲されるアカグツの仲間。小さいので食用にならない。海底を歩くように移動する。

伊豆には30以上の漁港があり、多種多様な魚介類が、日々水揚げされている。

イシガキダイ

本州中部以南に分布、磯釣りでは人気が高い。老成魚は体の模様が消え、クチジロと呼ばれる。

カゴカキダイ

初夏に幼魚がタイドプールに出現。中部日本近海を中心に分布。人に慣れやすく、飼いやすい。食べるとおいしい。

カンパチ

ブリの仲間。初夏に幼魚が沿岸に近づき、岸壁で釣れるようになる。伊豆諸島では1mにも成長する。頭にある八の字の線が特徴。

キンメダイ

伊豆諸島近海の深海で釣れ、伊豆での水揚げ量は日本一。おいしい伊豆の特産魚。産卵期は7、8月で、脂もこの時期にアップする。

ニシキベラ

伊豆半島では普通種。小型のベラ。釣りでは外道。カニや貝を餌とし、海底を濁らせると集まってくる。夏の大潮の時に群れで産卵する。

クロホシイシモチ

ネンブツダイの仲間。岸壁釣りでは常連。頭の後ろの黒い点が特徴。雄が口の中で子供を育てる珍しい生態を持つ。

ソラスズメダイ

伊豆半島のいたるところに生息し、ダイバーに人気の魚。

磯遊びを楽しめる豊かな海もまた、火山がもたらした恵みだ。

トラフナマコ

海底の砂の中にある有機物を食べる。産卵期は夏の昼間、どこからともなく集まってきて伸び上がり首を振りながら産卵する。

クモヒトデ

タイドプールで石を動かすと必ず発見できる。この類は浅瀬から深海まで幅広く分布する。

ホウライヒメジ

あごの下にある2本のひげで砂の中の餌を探す。稚魚は初夏に黒潮に乗って流れてくる。この時、体色はイワシ類のように銀色。

オジサン

ヒメジの仲間。夏から秋にだけ稚魚が見られる死滅回遊魚。あごの下のひげで海底の餌を探す。成魚は捕まえると興奮して赤くなる。

キュウセン

転石のある砂地に生息。簡単に釣れる人気者。大きいメスはオスに性転換し、アオベラと呼ばれている。てんぷらなどにして美味。

ケヤリムシ

植物のようだが見えているところは“えら”で、ゴカイの仲間。えらの色はさまざま。子どもの時は動物プランクトンとして泳いでいる。

伊東市富戸ヨコバマのダイビングエリアの中にある富戸ホール

写真提供:いとう漁協

伊豆の自然 陸の生物

Animal in IZU Peninsula

伊豆半島で見られる哺乳類は、地域に人里が多いこともあって、シカやイノシシ、外来生物の増加などが目立っています。しかし、石丁場跡などの特徴的な場所では、コウモリの大群がみられることもあります。

現在、伊豆地域で確認されている哺乳類は35種類。静岡県内に生息している哺乳類のほとんどが確認されていますが、不思議なことに、ニホンカモシカとニホンツキノワグマは、伊豆半島には分布していません。ここにしかいない哺乳類がいるわけでもありませんが、モグラの仲間ではアズマモグラの亜種のコモグラがいたり、天然記念物のヤマネが低地で見られるのは珍しいといえるでしょう。

また、伊豆半島はコウモリの数が多いことで知られています。溶岩洞窟や海食洞、それに伊豆石採掘の石丁場跡、鉱山採掘跡などがあちらこちらにあり、多くのコウモリが見られるところもあります。種類としては、主にキクガシラコウモリ、コキクガシラコウモリ、モモジロコウモリ、ユビナガコウモリの洞窟性コウモリの4種類ですが、中には数千頭のユビナガコウモリの群れが見られる石丁場跡もあるようです。また、城ケ崎海岸では、県下で初めてオヒキコウモリの生息が確認されています。

ニホンザルは、西伊豆波勝埼の群れが知られており、熱海地区にも若干いますが、伊豆全体で見ると生息数は減少の傾向にあります。

最近、伊豆ではニホンシカとイノシシの増加が激しく、農作物の被害や、食害による森林の破壊が進んでいます。特に天城山周辺では、シカに下生えの植物が食べられ、笹が枯れて、シカが食べないアセビのような植物だけが残っているような状態も見られます。また、それに伴う生態系の変化が起きてきており、自然保護の観点から、早急に適正数に戻す対策が必要だと考えられています。さらに、本来日本にいなかった外来動物の侵入も目立ってきています。タイワンリスが東海岸に広く分布を広げている他、伊東市周辺ではアムールハリネズミ、ほかにアライグマやハクビシンも侵入してきており、在来の動物にとって脅威になってきています。

（静岡県自然史博物館ネットワーク
三宅隆）

モモジロコウモリ

身体は黒灰色だが腹部は白い。洞窟内の岩の割れ目などに入っていることもある。あまり大きな集団では見られない。

コキクガシラコウモリ

洞窟性のコウモリで、キクガシラコウモリに似るが、ずっと小さい。翼の膜の幅が広いので、狭いところでも飛び回ることが出来る。集団で見ることが多い。

キクガシラコウモリ

洞窟性のコウモリで、鼻の部分が菊の花の様に見える。夜間飛びながら超音波を使って昆虫を捕食。冬期は洞窟内で冬眠する。

洞窟の多い伊豆半島は、コウモリが多いことで知られている。

イノシシ

天城山の名物であるが、近年は生息数が増加し農作物被害も多発している。一度に4、5頭の子供を産み、子供は瓜坊と呼ばれ縞がある。鼻で土をほじくり、根菜やミミズ、昆虫などを食べる雑食性である。

ユビナガコウモリ

全体に黒っぽく、翼が長く幅が狭い。上空を高速で飛翔しながら昆虫を捕食する。伊豆では石丁場跡などで見られ、時として数千頭の群になって見られることもある。

ニホンシカ

オスには角があり、毎年生え変わるが、メスにはない。体色は、夏は明るい褐色で、鹿の子はまだらの斑点が目立つ。伊豆半島では、生息数が増加し、食害も多発。生態系への被害が深刻である。

テン

イタチの仲間で、夜行性。夏と冬で毛色が異なる。主として肉食性であるが、果実なども食べる。

ニホンアナグマ

イタチの仲間で、全長50cm位。ずんぐりむっくりの体形で、主に夜行性であるが、昼間も見かけることがある。最近伊豆でも数が増えてきているようである。

ニホンザル

伊豆では波勝崎の餌付けされた群れが有名である。熱海地域にも群れがいるが、伊豆全体で見ると個体数が減少しているようだ。

外来生物の増加は、人間の身勝手さが引き起こしたこと。

ハクビシン〈外来生物〉

昭和初期以降、海外から持ち込まれ、野生化したと考えられる。ネコ位の大きさで、鼻筋が白く、雑食性。今では伊豆全域に広がっている。

キツネ

一時、生息数が減ったようだが、近年はまた復活してきているようである。タヌキより動物食が強く、ネズミやノウサギなどを主食としている。

タヌキ

伊豆でもタヌキはよく見られる。夜行性で雑食性。親子または家族群で生活し行動する。最近は外部寄生虫による皮膚病で、毛の抜けたタヌキを見かける。

アライグマ〈外来生物〉

修善寺、河津、熱海などで、生息が確認されている。夜行性で警戒心が強く、確実に増加中、さまざまな被害が懸念される。特定外来生物指定。

タイワンリス〈外来生物〉

伊豆半島東海岸で分布を拡大している。ペットが野生化して増えたものであり、樹木を齧る在来の動物との競合など、問題が多い。特定外来生物指定。

アムールハリネズミ〈外来生物〉

伊東市周辺でペットとして飼われていたものが、野外で繁殖した。夜行性で主食は昆虫。特定外来種に指定され、飼育や遺棄は規制されている。

HIGASHIIZU

東海岸は広々とした開放的な雰囲気で万人向けのエリア。
天気がよければ伊豆大島はもちろん、はるか房総半島まで見渡せる。
整備された歩道も多く、気持ちのよいハイキングができそうだ。

細野高原／城ヶ崎／大室山・一碧湖

HOSONO KOUGEN

細野高原コース

風渡る草原と広い空、鳥目線で楽しもう

パラグライダーの愛好家の間ではよく知られている細野高原。
点在する湿原には貴重な動植物がたくさんおり、
一年を通じて美しい風景が楽しめる。

文・高橋秀樹

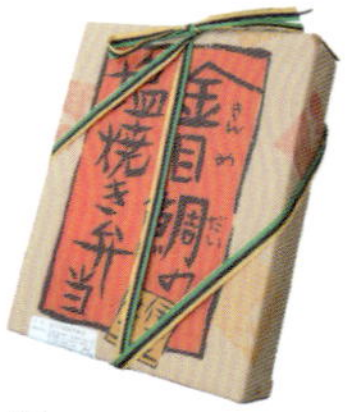

稲取にきたら
キンメでしょ!!

course ⑬

難易度　★★★☆☆
歩行時間　約3時間10分
歩行距離　約7km

夏の盛りだった。伊豆急行線・伊豆稲取駅に降り立つとアロハシャツの駅員と、駅前の巨大な江戸城築城石が出迎える。慶長年間、江戸城大改修のとき東伊豆町の石丁場から切り出された〝伊豆石〟を再現したものだ。3t以上もある築城石の石曳き体験コーナーがあって同行者が試してみたが、むろん、ピクリともしない。駅前は小さな青空博物館といった趣向で、楽しい。

東伊豆町稲取で連想するのは海、温泉、キンメ、雛のつるし飾りだろうか。「高原があるんです」と言われてもピンとこない。だが、高原は確かにあった。駅から車で15分ほど薄暗い林道をのぼっていくと、ぱっと視界が開け、目の前に草の海が広がる。標高約400～800mに広がる細野高原だ。その広さは125haあまりで東京ドームの20数個分ある。三筋山（821m）を頂点にし

稲取駅前にある伊豆石の石曳き体験コーナー。ひとりではもちろんピクともしない。電車を待つ間、何人かでやってみるのも楽しい

9月中旬過ぎから11月頃まで、細野高原ではみごとなススキ野原が楽しめる。毎年10月～11月にかけて、東伊豆町では月夜の散策やガイドツアーなど、細野高原のススキを楽しむイベントを行っている

認定ジオガイド
岡田素子さん

伊豆に惹かれて移住して15年。役に立つジオ、楽しいジオを心がける、自然が大好きな岡田さん。植物に対する知識と愛情が深く、大切な友人を紹介するように野の花のことを語ってくれる。

たなだらかな草原は、昔は茅葺屋根を葺くための茅場であり、入会地（地域の共有地）として、数百年にわたって山焼きと草刈りが繰り返されてきた。さすがに茅場としての役割は終わったが、いまでも毎年2月には山焼きが行われ、春にはワラビなどの山菜が萌え、秋は一面ススキの銀世界が広がる。草原の一部は水源涵養保安林になっていて、その湧水は山麓の人たちの飲み水にもなっている。

草原には湿原が点在し、四季折々に花が咲き、トンボや水生昆虫も数多い。自然に人の手が加わることで絶妙なバランスを保ってきた風景なのだ。森林とは異なる植物の多様性は、全国的に草原が減っているなかで、とても貴重な存在になっている。高原には散策路が整備されており、手軽なハイキングが楽しめる。

細野高原イベント広場には伊豆半島ジオパークの説明板がある。ここを起点に、まずは桃野《ももの》湿原を目指して出発。歩きながら、ジオガイドの岡田素子さんに「細野高原のどこがジオなのか」、説明してもらった。その内容はざっとこうだ。

伊豆半島の中央にどんと横たわる天城山脈は、伊豆が本州に衝突し陸地化した後の80万～20万年前の火山活動によって生まれた大型火山だ。火山活動が終わった天城山は浸食によって大きく削り取られた。天城山最高峰の万三郎岳（1405m）をはじめ細野高原を取り囲む三筋山（821m）、浅間山（519m）、大峰山（493m）は、浸食に耐えて残った天城山の一部なのだという。

肝心の細野高原だが、その一部は「稲取泥流」と呼ばれる、水はけの悪い土石流に覆われている。土石流の原因は、いまのところ何らかの原因で山崩れが起き、土石が一気に流れ下ってできたものだと考えられている。水はけの悪い泥流だったために窪地に湿原が生まれたのだという。

歩き始めて30分ほどで桃野湿原への分岐がある。そこから少し下った北側の草原の間から青味がかった山塊がぬっと現れた。「天城山です」と岡田さん。なるほど、細野高原が天城山と深く関わっていることを実感できる光景だ。

気持ちのいい草原のなかの散策路を下ると桃野湿原だ。この高原には、芝原、中山1号、中山2号、そして桃野湿原の4つがあるが、池がある

80～20万年前に噴火を繰り返してできた天城山の斜面に造られた細野高原。水はけが悪い土石流堆積物のため、窪地には4つの湿原が生まれ、約400種もの植物が自生しているといわれている。訪れた夏は、決してベストシーズンではないが、たくさんの植物や昆虫を観察できた。ただし、草原にはダニも多いのでご用心。写真は1. ハンゴンソウ、2. コオニユリ、3. カワラナデシコ、4. コガンピ、5. モウセンゴケ、6. キキョウ、7. チダケサシ、8. ジュンサイ、9. シオカラトンボ

3 2 1
6 5 4
9 　 7
　 8

のは桃野だけだ。池にはスイレンの仲間であるジュンサイが葉を浮かべていた。ジュンサイは若芽が食用で東北では馴染みのある山菜だ。池の上をシオカラトンボが飛び交い、草の茎に羽を休ませたりしていた。「なんだかのどかな気分になるね」と同行者の一人が言った。

「夏の花は盛りを過ぎ、秋の花はこれからというところで、割合と花が少ないかもしれません」と言いつつ、岡田さんは道端の花を次々に見つけ出す。その日、われわれ一行の目を楽しませてくれた草花を挙げると、ハンゴンソウ、コガンピ、キキョウ、チダケサシ、カワラナデシコ、オトギリソウ、ヒメハッカ、アキノタムラソウ、コオニユリ、ナワシロイチゴ、モウセンゴケなどだ。なかでも一行が一番興味を持ったのがモウセンゴケ。葉っぱの腺毛から粘液を出し、虫を捕らえて栄養源にする食虫植物だ。「補虫してるところを見たいね」と、なかなか腰の上がらない一行であった。

桃野湿原を後にして、三筋山山頂を目指して歩く。車一台がやっと通れるくらいの舗装路は次第にくねくねと曲がりながら高度を上げるが、息も上がってくる。出発地点からだ

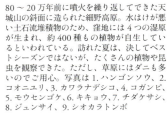

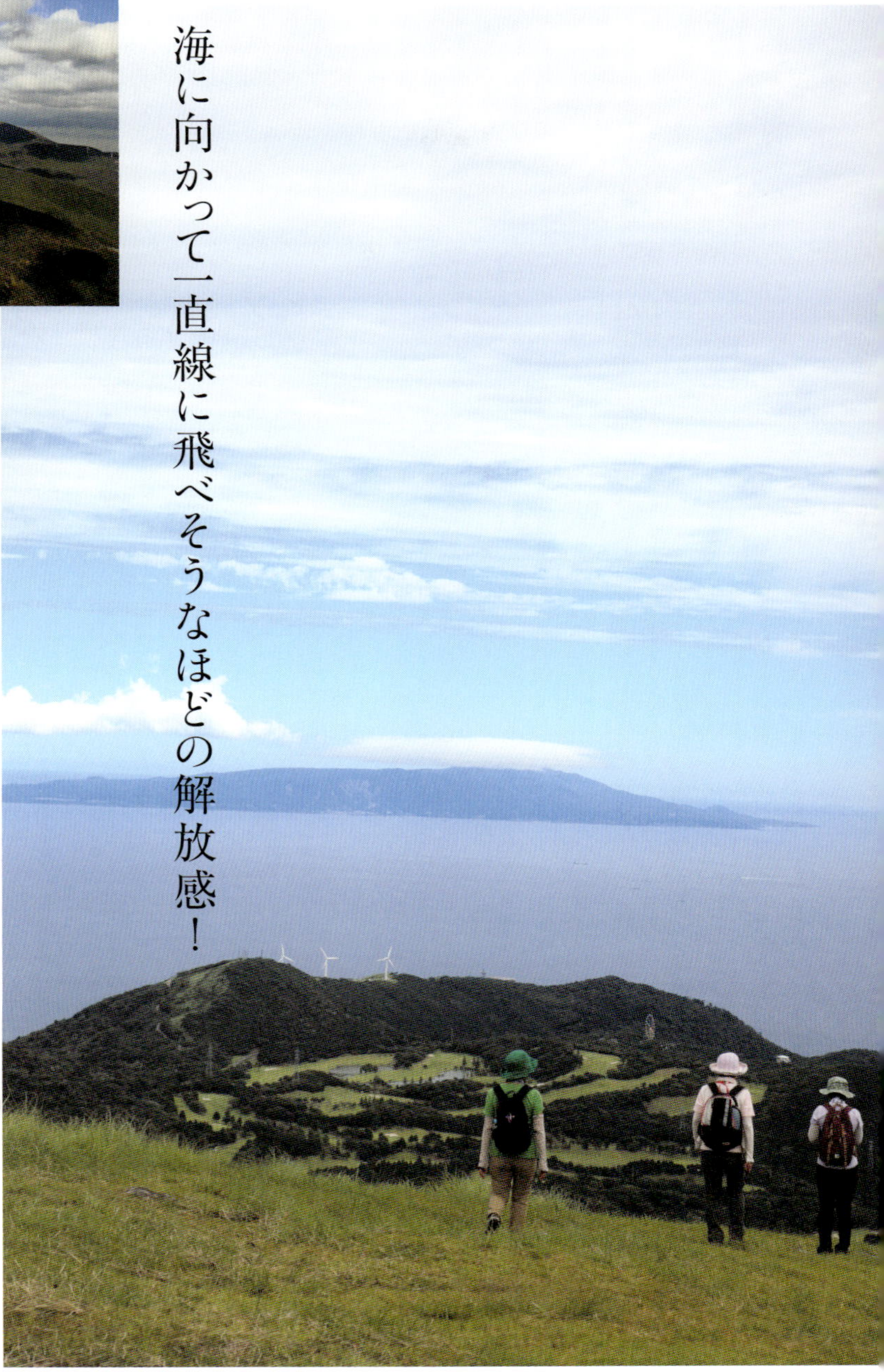

海に向かって一直線に飛べそうなほどの解放感！

10. 三筋山頂上からの絶景ポイント。大島が目の前にドーンと開けている 11. 桃野湿原上からは天城山連山が見える 12. 天城の八丁池から、ブナの自然林を抜けて三筋山に抜ける天城三筋山遊歩道は、天城山と三筋山の成り立ちを感じることができるお勧めのコース 13. 初夏に花が咲き、夏に実が熟すナワシロイチゴ

オススメ point

稲取の巨大クロワッサン?!

稲取高校北にある崖では、1万9千年前に噴火した稲取火山の断面と巨大なクロワッサンのような形をした火山弾を見られる。積み重なったスコリアの中に、いろんな形の火山弾を見つけてみよう。

と山頂まで400m以上は登る計算だ。だが、高度が上がるにつれて眺望は良くなり、浮遊感が増してくる。高原ならではの醍醐味である。桃野湿原の分岐から40分ほど歩いて山頂直下にある駐車場に着いた。実は、ここまでは車で来ることもできる。駐車場から山頂までは歩いて15分ほどだ。三筋山山頂は一面芝生の原っぱで360度のパノラマ、快哉を叫びたくなる眺めだ。

　北側に目を向けると天城山脈が大きく横たわり、東南には稲取の町が眼下にあり、南に目を転じると下田の白浜海岸や須崎半島の爪木崎などが手に取るようだ。そして青い海原には伊豆七島が浮かぶ。なかなか島の名前が覚えられない一行であるが「音に聞こえし神津《こうづ》島、三宅、御蔵《みくら》は八丈に近し」と暗誦すれば覚えやすいそうだ。左から〝お〟は大島、〝と〟は利島、〝に〟は新島で、後は文字通りである。山頂の原っぱには展望台やテーブルが設えてあり、一行は伊豆稲取駅で買った郷土色一杯の弁当を広げ遠足気分を満喫。「時間があれば昼寝したいくらい」と言いつつ下山。いったん先の駐車場まで戻り、別ルートを下って芝原湿原を巡って出発点に戻った。

access

【往路】伊豆稲取駅→バス30分→細野高原、または乗用車で細野高原第一駐車場にパーキング
【復路】細野高原→バス30分→伊豆稲取駅
（※稲取駅↔細野高原のバスは期間限定）

オススメ point

黒根岩風呂

北川公営の露天風呂。絶景を眺めながら名湯につかろう！混浴だが女性はタオル巻きOK。女性専用タイムも（19:00～21:00）。入浴料600円（ホテル望水の宿泊客は無料）
■東伊豆町北川温泉 TEL 0557-23-3997

コースガイド

細野高原第一駐車場 ← 40分 ← 桃野湿原 ← 40分 ← 三筋下 ← 15分 ← 三筋山山頂 ← 15分 ← 三筋下 ← 80分 ← 細野高原第一駐車場

JOGASAKI

城ヶ崎コース

押し寄せる断崖絶壁に息をのむ

大室山の溶岩が海に流れ込んで生まれた城ヶ崎海岸。切り立った崖や深い谷、溶岩台地の岬など、海辺の景観は伊豆半島の中でも独特だ。海岸線に設けられたコースを歩いて、城ヶ崎の魅力をたっぷりと堪能しよう。

文・編集部

お腹に石が入った
モチノキ!

course ⑭

難易度　★★☆☆☆
歩行時間　約4時間20分
歩行距離　約9㎞

城ヶ崎ピクニカルコース遊歩道の両脇は、オニヤブソテツやキケマン、コバノタツナミなど、黄色や紫色の初夏の花が咲き乱れてにぎやかだ。ジオガイドの田畑朝恵さんから植物の説明を受けながら歩いていくと、ところどころで視界が開けて切り立つ崖や海が見え、大迫力の眺めに思わず声を上げる。

この海岸線をつくり出したのは、伊豆半島では新しい火山活動とされる4000年前に噴火した大室山の溶岩だ。大室山が噴出した溶岩や火山灰は山地を埋め立てて、なだらかな大地の伊豆高原をつくっただけでなく、大室山から4〜5㎞離れた海岸まで達した。そして相模灘に流れ込んで城ヶ崎海岸をつくったというのだ。場所によっては海岸線を2㎞も沖へ広げたという。こうして指を広げたようなギザギザの岬が連なる海岸ができたというわけだ。伊豆半島の海岸線は西と東とでは様子が異なるが、城ヶ崎海岸はまた特に地形が違うと常々思っていた。が、大室山の溶岩流がつくったと聞いて納得できた。

ある岬で、田畑さんがルーペを取り出し、大きな岩にかじりついた。大室山の溶岩は〝かんらん石（宝石

1. ボラ漁のための見張り小屋、富戸の魚見小屋。江戸時代はボラ漁がさかんに行われ、江戸まで運ばれていたという。貴重な沿岸漁業の文化財として県指定有形民俗文化財となっている 2. 門脇のつり橋のそばにある、つばくろ島は波の浸食によって海にそそり立つ孤島でアマツバメが集団で繁殖する 3. 陸から見ると、かなりスリリングな門脇のつり橋 4. 門脇灯台やつり橋を中心にした全長3kmのピクニカルコースが整備されている

噴火と流出、秘められた溶岩のパワーを感じる城ヶ崎

〝ペリドットの原石〟安山岩で、かんらん石の結晶探しが楽しめるという。ルーペを借りてオリーブ色の粒を一生懸命探したけれど、残念ながら見つからなかった。

ぼら納屋を出発して約20分で門脇に到着。門脇《かどわき》つり橋は人気の観光スポットであり、またサスペンスドラマのロケでよく使われるらしい。海に突き出した岬に立って、つり橋方向を見ると、大室山の溶岩が創った荒々しい大地の様を見ることができる。まっすぐに切り立つ崖は30mぐらいあろうか。海面から柱状節理が見えている。観光客に混じって長さ48m、高さ23mのつり橋を渡る。つり橋の山側には深い入江が見えるがこれは、舟形と呼ばれていて、溶岩の中が固まらないまま流れ下った溶岩トンネルが崩落してできたものと考えられている。

5. つり橋近くで咲いていたキケマンの花。5～6月に花をつける。茎や葉を傷つけると悪臭がするので要注意 6. 海岸線でよく見かけるオニヤブソテツ

蓮着寺は、室町時代に日蓮宗により開祖された寺だ。弘長元年（1261）、日蓮上人が幕府を非難したことから伊豆国に流罪となった。鎌倉由比ヶ浜から船で来て、満潮時には波の下に沈んでしまう岩礁の上に置き去りにされるが、川奈の漁師に助けられた。日蓮崎の下、海上500mほど南にある、俎岩《まないたいわ》と呼ばれるこの岩は、柱状節理の岩礁のようだ。蓮着寺にはこのほか、樹齢1000年のヤマモモの木や、石喰いモチの木など、見どころがいろいろとあった。境内に自然研究路入口の看板があり、再びウォーキングコースに戻る。

ずいぶん歩いたなと思った頃、「ここにポットホールがあるのよ」と、田畑さんがいきなり浜へ下りて行き、『かんのん浜』の中央にある岩場を登り始めた。岩と岩の間をのぞ

7. 日蓮上人にちなんで奥の院（祖師堂）を建て、付近の土地を寄進したのが蓮着寺のはじまり 8. 境内にある樹齢1000年のヤマモモは樹高15m、根回り7.2m、県下最大級の巨木で、天然記念物に指定されている

き込むと、そこには表面がツルツルしたまん丸い岩が。

ポットホールは、海岸や川床の硬い岩盤の上に置かれた岩が、波や水の流れで動いて下の岩盤をうがって穴を開けた穴のこと。同時に穴の中の岩もだんだんすり減っていき、最終的には消滅したり、穴より小さくなると水の勢いで抜け落ちたりするという。かんのん浜のポットホールは、大岩が穴をうがっていく途中なのだとか。田畑さんによれば、ポットホールはさして珍しくないものらしいが、穴の中に大きな球形の岩が残ることはめったにないそうだ。とてつもない自然のエネルギーを感じる。（※危険なため見学にはガイドに同行してもらった方が良い。）

かんのん浜から5分ほどで、いがいが根に到着。溶岩が平たく広がり、テーブル状になっている岬で、溶岩が流れる際、先に冷えて固まった溶岩の表面を砕きながら流れた様子が分かる。岩はトゲのようにイガイガしていてとても歩きにくい。岩と岩の隙間をのぞき込むとそこは、吸い込まれるような断崖絶壁だった。いがいが根にはなぜか野良猫がたくさんいて、岩の上や草むらでのんびり日なたぼっこをしていた。

認定ジオガイド
田畑朝恵さん

生まれも育ちも伊東市の"伊東大好き♥"な朝恵さん。伊豆半島ジオガイド協会のリーダーとして、伊豆全域のジオに精通している。門脇の吊り橋では「城ヶ崎ブルース」を1コーラス歌っていただき、麗しい声にうっとりした。

"いがいが根"もおもしろいが、城ヶ崎の岬にはユニークな名前が多い。「しりいだし」「ばったり」「てんぐのはな」など、岬の名前は漁師が名付けたという。まる根、あぶな根、かさご根など、「根」と付く名

9. 大小の石がごろごろしているかんのん浜を歩く。草木が生えている小山の向こうに、目指すポットホールが…10. 大室山溶岩流でできたポットホール。球体の大きさは70cmほどと、けっこう大きい 11. 溶岩流が広がり、起伏の少ないテーブルになったいがいが根。ここは釣りのメッカでもあって釣人が多い

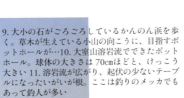

2　1

3

前も多い。「根」とは出っ張りのことで、例えば「今日は、○○根でたくさん魚が獲れた」と言うのだとか。

遊歩道がついたピクニカルコースと違って、自然研究路は森の中を歩いて行く。岬ごとに道標が立っていて海に出ることができる。このあたりの岬は城ヶ崎でも有名な釣りポイントらしい。

明るい木立を抜け、鎖の手すりがついた階段を、滑らないように恐る恐る下りて行くとフラットな岩場が広がっている。大室山から流れ出た溶岩が冷やされてできた柱状節理の頭の部分で、足元には亀甲模様がいくつも並んでいる。また周辺の岸壁には、溶岩が急激に冷やされてできた板状節理ができていて、これも圧巻。海岸の奥へ行くと柱状節理のくぼみにできた大小2つの潮だまりがあるが、これが大淀・小淀だ。「昔は八幡野小学校の子どもたちがプール代わりに大淀・小淀で泳いだのよ」（田畑さん）まさに天然のプールだ。海水浴シーズンにはここで泳ぐ観光客もいるという。外海から海水が流れ込んでくるので、くぼみに溜まった海水の透明度は高く、潮だまりの中には磯ガニや小魚のほか、サンゴや海藻が見えた。

大淀・小淀から少し南にある橋立つり橋を渡る。門脇つり橋のように駐車場が近ければもっと人気が出たのかもしれないが、あまり人がいないのが残念だ。溶岩が作った切り立つ崖を間近に眺めながら、長さ60m高さ18mのつり橋を渡ると、ゆらゆら揺れてスリル満点。渡り終えたら山側を回るようにして再びつり橋を渡る手前の地点へ。対島川沿いの遊歩道を伊豆高原駅に向かって歩く。ぼら納屋を出発して、アップダウンは少なかったが、かなりの距離を歩いた感あり。ゴール地点となる伊豆高原駅に到着する頃、春の風が首筋に冷たい夕暮れだった。

1. 橋立のつり橋は長さ60m、高さ18m。門脇のつり橋より12mも長いが、アクセスが不便なためか人気はいまひとつ 2. 対島川の水が城ヶ崎海岸から落ちるところに対島（たじま）の滝がある。川から直接海へ落ちる滝は珍しい。雨の後など、川の水量が豊富だと、豪快な滝を見ることができる 3. 岩場を彩る黄色い花はイワタイゲキ 4.5 大淀・小淀には、自然が作りだした大小2つの磯のプールがある。周辺の崖や大地は溶岩の流れがよく分かる地形

岬をめぐってたどり着いたのは 大室山溶岩流のワンダーランド

5

4

access

【往路】伊豆急富戸駅下車徒歩30分【復路】伊豆急伊豆高原駅徒歩30分

オススメ point

堂の穴（三十三観音）

八幡野港の奥にあり、溶岩洞穴の入口には三十三観音、広い洞穴の奥には弘法大師の石仏や供養塔などが祀られていて恐ろしげな雰囲気が漂う。古くは来宮神社の旧社地だったともいう。足を伸ばして立ち寄ってみては。

コースガイド

ボラ納屋 → 30分 → 砲台跡 → 20分 → 門脇つり橋 → 5分 → 灯台 → 55分 → 蓮着寺 → 40分 → かんのん浜 → 15分 → いがいが根 → 95分 → 橋立（大淀・小淀） → 橋立つり橋

OMUROYAMA

大室山・一碧湖コース

1. 伊豆東部火山群で最大のスコリア丘である大室山。1周1000 mのお鉢巡りをしながら360度のパノラマを楽しもう

伊豆高原の2大スポットめぐり

4000年前に噴火した単成火山最大のスコリア丘である大室山。そして伊豆半島で一番大きな湖、一碧湖は10万年前の噴火でできた火口湖。雄大な自然の力を感じる山と湖は、伊豆高原の中でも人気の高い観光スポットだ。

文・編集部

幻想的なギンリョウソウ

course ⑮

難易度	★★☆☆☆
歩行時間	約3時間10分
歩行距離	約7km

伊豆半島最大の湖、一碧湖。大池と沼池を合わせたひょうたん形の湖の、ちょうどくびれ部分を横断する道沿いに、観光客用の駐車場がある。ここでジオガイドの渡辺高助さんと待ち合わせて、一碧湖周遊をスタートした。「一碧湖は、少し前まで大室山からの溶岩による堰き止め湖と言われていましたが、実際は伊豆東部火山群のひとつで、約10万年前の激しいマグマ水蒸気爆発によってできた爆裂湖なんですね」と、渡辺さんが一碧湖の説明を始める。同じ時期に、梅木平、沼池、大池、荻、門野という直線上に並んだ火口が割れ目噴火したと考えられているという。沼池の畔を歩きながら「実は爆発によってできた火口は、大池よりも沼池のほうが大きかったんですよ」（渡辺さん）。4000年ほど前の大室山の噴火で大量の溶岩流があふれ出た際、その一部が一碧湖の大池に流れ込んで十二連島と呼ばれる小さな島の連なりを作り、さらに南東隣にある沼池の南半分を埋めてしまったのだという。

そんな荒々しい成り立ちとは裏腹に、今の一碧湖は自然豊かで穏やかな湖畔ウォークを楽しむことができる湖だ。火山岩と火山灰による

1

3

2

〝伊豆の瞳〟、一碧湖の四季に色づく湖畔を巡りいろいろな動植物に出合う

認定ジオガイド
渡辺高助さん

伊豆野鳥愛好会メンバーとして伊豆全域での野鳥観察を30年前から行っている渡辺さん。自然観察指導員、静岡県環境学習指導員でもあり、動植物の知識も豊富。ジェスチャー付きのガイドが楽しい。

環境を有するこの湖には独特の自然景観が保たれ、樹木や野草など200~300種類が自生している。フトイやアシなどが群生する中に、ブォ~ブォ~!と低音で鳴くのはウシガエル。ユーモラスな声を聴きながら歩を進めると、やがて吉田隧道のトンネル跡に出た。ここは、かつて一碧湖から吉田の水田への灌漑用水を引くために掘られたトンネルで、すでに役割を終えているが、用水の歴史を伝えるものとして、伊東市の指定文化財になっているのだそうだ。この付近では近年、ワニガメが捕獲され、話題になった。一碧湖にはこうした外来生物が増えている。ブラックバスやブルーギルの他、危険なカメなどを捨てていく人が後を絶たないからだ。多くの野鳥や昆虫の宝庫として知られる場所だけに、水中の環境も懸念されるところだ。難しい顔をしていると、伊豆野鳥愛好会の事務局も務める渡辺さんが「今、鳴いているのはキビタキですよ」と、可愛らしい声をとらえて教えてくれた。

さて、雑木林を通りながらチョウジソウやハンゲショウに出会い、沼池をぐるりと巡って今度は大池へ。歩道を歩いていくと広々とした芝生広場に出た。岸には静かに水が打ち寄せ、エノキの大木がところどころに木陰を作って、なんとも気持ちのよい風が吹いている。その芝生広場から見える湖面にぽつり、ぽつりと浮かんでいるのが先に説明があった十二連島。赤鳥居のそばの島はお経島と呼ばれ、ここには旅人たちの船を転覆させるなど悪さばかり働いていた「大池の赤牛」を光栄寺の日広上人がお経によって封じ込めたという伝説が残っているそうだ。岸には弁天様もあり、溶岩で造られた祠も建てられている。

そこから道は少し

1.2 ひょうたん型をした一碧湖は約10万年前の噴火でできた爆裂湖で、噴火でできた火口は『マール』と呼ばれる丸い窪地を作った。昭和になって一碧湖と呼ばれるようになった 3. 一碧湖の水を吉田の集落へ通す、水田灌漑用水の吉田隧道。江戸時代、干ばつに苦しんでいた吉田村の人々が10数年の歳月をかけて完成させた

4. 可憐な花をつけるチョウジソウは絶滅危惧種。写真は花をつけた後。静岡県内で自生しているのはここだけ

5. 水辺に根茎を伸ばして群生するハンゲショウ。花が咲く頃に上部の葉が白くなり、花弁の役目を果たす

1. 火山岩と湿気により独特の自然環境が整い、樹木、野草が250種生息する。沼池はアシが茂った湿地帯となり、野鳥や昆虫の宝庫でもある 2. 約4000年前、大室山から流れ出した溶岩が湖に流れ込み、「十二連島」ができた 3. 弁天様には水神様も祀られている 4. 赤い鳥居のそばの島は「お経島」といって、大池に伝わる民話「大池の赤牛」と関係がある。お経島周辺の広葉樹は秋になると美しく色づく

5. 葉がハート型のアマギカンアオイ 6. クロモジは葉や樹皮に香りがあり、高級楊枝を作るので有名。緑色の実は秋になると黒色に

湖畔の風景からジオラマの絶景大室山山頂へ

上り坂となり、気持ちのよい森の中を抜けていく。スダジイやヤブツバキなどの繁る照葉樹林を抜けてボート乗り場に。白鳥型のボートが浮かび、カルガモたちが岸辺で日なたぼっこをしていた。秋の紅葉、冬の渡り鳥、そして春の桜に夏の湖畔。一年中自然を楽しめるのが一碧湖の魅力だ。さて、ここから大室山へは車で10分ほど。

伊豆高原のランドマークともいえる大室山。滑らかな山肌のプリンのような姿は、伊豆高原のあちこちから楽しめる。大室山は、約４０００年前の噴火でできたスコリア丘だ。噴火によってスコリア（粘り気の少ない溶岩のしぶき）や火山弾が上空に吹き上げられ、火口の周囲に降り積もってできた。落ちてきたスコリアは山の斜面を転がり、すそ野をどんどん広げていった。こうして直径３００ｍ、周囲の長さ１０００ｍ、火口の深さ最大70ｍの伊豆東部火山群の中でも最大のスコリア丘となったのだ。

山頂まではリフトに乗ってわずか5分。いよいよお鉢巡りのスタートだ。直径２５０ｍのすり鉢状の火口をのぞくと、底はアーチェリー場として利用されていた。火口の周りは遊歩道が整備されているので歩きやすい。時計まわりに進むことにした。20ｍほど坂を上ると、急に視界が開ける。樹木もないし、近くに高い山もないため、見晴らしは最高だ。見渡す伊豆高原は、まるでジオラマ模型のようなミニチュア感がある。伊豆東部火山群に属し、大室山と同じスコリア丘である小室山も見える。

大室山のふもとから流れ出した大量の溶岩は、大地にさまざまな変化をもたらした。大量の溶岩は、でこぼこしていた大地を埋め立てて伊豆高原ができ、また相模灘にも流れ込んで城ヶ崎一帯の海岸を造り出した。「なだらかな地形の伊豆高原に別荘やペンションが増えたのは、昭

9. 大室山の草むらにいたヒバリ。空高く舞い、さえずることで知られている

7.8 火口中腹にある浅間神社。祭神は磐長姫命で、縁結びにご利益があるという。神社の後ろや近くに露出した岩は、噴火の際に溶岩が固まるときに残ったもの 10. 大室山の溶岩流がなだらかな伊豆高原の大地を作ったというのがよくわかる 11. 最大直径 24 m、最深15m ある穴の原溶岩洞穴。穴の周囲を取り囲むシデやタブの木は伊豆半島東部海岸地帯の原生林で貴重な植生 12. お鉢巡りの終わりには五智如来像が出迎える

13. スコリアラフトは、大室山が噴火した時の溶岩流がスコリアを包み込んだもの。さくらの里にある

和36年に伊豆急が開通してから」とジオガイドの田畑朝恵さんが説明する。相模灘が近くに見えてくると、伊豆大島を正面にして、左に三浦半島と房総半島が。右手には利島や新島、式根島、神津島なども見渡せる。三浦半島が近く感じるのは意外だった。

大島の方を向いた8体のお地蔵さまは「八ヶ岳地蔵尊」。海上安全、大漁祈願のため漁師によってこの地に建てられた。今ある地蔵尊は昭和59年に再建されたもので、オリジナルはその後ろにある。凝灰岩でできたお地蔵さまは風雨にさらされて劣化してしまったため、新しいお地蔵さまを作ったという。

南西の位置に見える田んぼは、水はけの良い溶岩の土地が多く、伊東市内では珍しく稲作が行われている「池盆地」だ。大室山から流れ出した溶岩によるせき止め湖のなごりで、明治初期までは湖が残っていた。そのため「池」という地名が付き、明治以降に湖を干拓して水田にしたものだ。池盆地のうしろの矢筈山と孔ノ山は、粘り気の強い溶岩でできたドーム状の山で、その左手にある伊雄山はスコリア丘。

緩やかなアップダウンを繰り返して、リフト乗り場手前の展望台へ。空気が澄んだ季節にはここから富士山が見えるそうだが、気温が高い今の時期はまず見えない。

リフトで地上に下りて、大室山の麓にある〝さくらの里〟に向かう。ここは秋から翌夏まで約40種類の桜が咲き続けるお花見スポットだ。園内には4000年前に大室山が噴火した際にできたスコリアラフトや、こんもりと樹木が茂る中には、地下に空洞を残したまま地表の溶岩が固まり、後に地表部分が陥没して洞穴ができた穴の原溶岩洞穴がある。ジオ目線でさくらの里を散策してみるのもよいだろう。

access

【往路】JR伊東駅→バス30分→一碧湖畔【復路】伊豆シャボテン公園→バス39分→JR伊東駅

オススメ point

湯川弁天の湯

伊東駅から徒歩5分。路地裏にある銭湯は地元の人に親しまれている。木のロッカーが並ぶ脱衣所で、浴室はど真ん中に長方形の浴槽が。熱すぎないやさしいお湯がいい。

■伊東市湯川2-9-9

コースガイド

一碧湖周遊
↓ 70分
一碧湖神社
↓ 40分
引手力男神社
↓ 40分
さくらの里
↓ 10分
大室山お鉢巡り
↓ 30分
伊豆シャボテン公園バス停

KITAIZU ①

富士山好きなら、沼津、三島、伊豆の国などを有する北部エリアがお勧め。
文学散歩の街歩きから、修験道の山登りまで
さまざまなアングルから、伊豆と富士山、駿河湾を堪能できる。

千本浜／城山・長浜／達磨山・金冠山
位牌岳／三島街歩き

SENBONHAMA

千本浜コース

千本浜でのんびりジオ歩き

風光明媚な土地に文人たちも魅せられた沼津の海岸線。伊豆半島が南の海にあったころ、海底火山の名残から本州に衝突した痕跡をたどるコースは歩けば納得。
大地の成り立ちから歴史・文学まで見どころ盛りだくさん。

文・編集部

course ⑯

難易度　★★☆☆☆
歩行時間　約5時間
歩行距離　約13km

千本松は
この方のお手植え!

1.2 千本浜公園は、美しい松並木が駿河湾の海岸に沿って続く自然公園。秀麗な富士山とその手前に愛鷹山が見える景勝地で、白砂青松100選にも選ばれた。また春にはお花見を楽しむことができる

絶景なり。千本松原越しに望む秀峰富士

駿河湾の内奥に位置する沼津から、田子の浦に向かって西に長く弧を描いて、全体で数十万本ともいわれる千本松原が続く。本日の歩きは、この沼津市の千本浜公園からスタート。千本浜の砂礫《されき》は、南アルプスから富士川の急流によって駿河湾に運ばれ、さらに駿河湾の沿岸流によって砂礫州を形成したものだと、ジオガイドの深貝俊夫さんが教えてくれた。西を向くと、大きな富士山が、青い空に映えている。海岸線をいったん離れ、公園内を横切って通りに出ると、道を渡った向こう側に碑が現れた。首塚（通称おくびさん）である。明治33年（1900）5月、暴風雨の翌朝に千本松林の中で露出した頭蓋骨が発見された。掘り返してみると、少なくとも100体以上の人骨が見つかり、地元の人たちがこれを埋葬して手厚く弔った。昭和29年（1954）に東京大学の鈴木尚氏が調査を行い、天正8年（1580）に起こったとされる北条氏政と武田勝頼のこの地での戦いの戦死者であったことがほぼ確定されたというものだ。首塚を囲む柵は、火山岩でできた柱状節理をそのまま引っこ抜いて作ったものだそうで、なかなか興味深い。

園内に戻り、井上靖の文学碑や若山牧水、明石海人の句碑などを眺めながらそぞろ歩く。辺りには松の香りだろうか、どことなくすっきりするような香気が漂い、木漏れ日が美しい。文人たちがこの浜に魅せられた訳がほんのりとわかる気がする。公園を出る前に、増誉上人長円《ぞうよしょうにんちょうえん》の像を拝見する。天正年間、北条家と武田家の激しい戦いが繰り広げられる中、松林が切り倒され、塩害がひどくなって地域は荒れ果ててしまった。そこにやってきた増誉上人が、一本ずつ、千本の松を手ずから植え

3. 天正8年（1580）に北条と武田が戦った千本浜の合戦で命を落とした武士たちの頭蓋骨が明治33年に見つかった。地元ではこれを集めて首塚にした。塚の囲いは柱状節理で作ってある 4. 千本浜公園内にある若山牧水句碑

我入道はおさんぽ気分で歩くと発見がいっぱい

て地域を救ったのが今の千本松原だといわれている。増誉上人はその後、乗運寺の開祖となった人物である。公園を一巡したところで再び防波堤沿いに戻り、富士山を背に沼津港へ向かう。途中、若山牧水記念館などを眺めながら沼津港大型展望水門びゅうおへ。これは津波から沼津港を守るために建設された日本最大級の水門で、3つの地震計の内2つ以上が250ガル以上の揺れを感知すると、自動で扉が降りる仕組みになっているという。せっかくなので100円を払って展望台に上ると、駿河湾から富士山、南アルプス、反対側には狩野川、そして沼津アルプスが一望できる大パノラマが広がっている。思わず「うわ～」と歓声がもれたところで、さて、ここらで小休止。沼津港にある地元の定食屋「にし与」で大盛りのアジフライをいただいて元気回復、狩野川を渡って、我入道海岸を目指す。

天城から流れ出て、田方平野で蛇行し、香貫山に沿って向きを変えて駿河湾に注ぎ込む狩野川。本州の太平洋側では珍しい北流で、広い河口にはかつて渡し船が通っていた。昔は河口を入ったところに船着き場があったそうで、井上靖の「夏草冬濤」にも、主人公らがここから西伊豆の旅に出るシーンがある。市街地をくねくねしながら、ゆったりと河口へ向かうさまに、インドの人が「ガンジス川を想わせる」と言ったとか言わないとか……開放的な空気を味わいながら、川沿いを歩き、少し住宅街に入ってみる。小説家芹沢光治良の生誕地がある我入道、海と暮らしてきた人たちの街並みの風情が楽しい。伊豆石の蔵が多いのは、彼らが副業として石工をやっていたからか。そうこうしていると、河口付近にある八幡神社が見えてきた。この八幡神社は不動岩と呼ばれる巨大な岩の上に乗っている。階段脇に水底土石流でできたさざれ石があり、そのゴツゴツとした力強い姿を横目に見ながら登ると、先ほど渡ってきた狩野川の河口と対岸の沼津港、その向こうに広がる駿河湾が見えた。トンビが一羽、大きく弧を描いてすぐ近くを旋回していった。八幡神社を降りると、牛臥山へ向かって海を眺めながら公園隣接地帯の砂丘を歩く。しばらく行くと芹沢光治良の碑が人気のない海にぽつんと立っている。「ふるさとや　弧絶のわれをいだきあぐ」と彫られた大きな一枚岩だ。目も開けていられないほどの

4

5

4.5 びゅうおの展望台から見る対岸の牛臥山。標高70mの牛臥山は、伊豆が本州に衝突する前の火山の名残だということがよくわかる。沼津の海岸地帯は何度も津波の被害にあってきた。巨大な水門「びゅうお」も津波対策のひとつで、津波をシャットアウトする扉体の重さは406tと日本最大級

1

2

3

1.2.3 我入道にある八幡神社。由緒及び創立は定かでないが、海上安全、大漁祈願、海の守り神として崇められている。鳥居の横には水底土石流の大きなさざれ石があった。石段を上がると、狩野川河口が見渡せる

強い風が海から吹きつけてくる。碑の言葉が響いてくるような浜だ。

そこから東に向かってさらに歩くと、牛臥山の西側である、巨大な流紋岩の溶岩ドームが浜をふさぐようにそびえている。ジオガイドの深貝さんの講義をしばし…。牛臥山は伊豆半島が本州に衝突する前の海底火山の名残といわれ、この溶岩ドームには波の浸食によってできた、人が通れるくらいの穴も開いている海食洞だ。岩肌には「流理構造」という、溶岩が流れてきた模様が見られる。岩や石にポツポツと開いた奇妙な丸い穴は、タフォニと呼ばれるもので、こちらは塩類風化といって、

7

8

9

7. 我入道を見下ろすように建つ芹沢光治良の句碑「孤絶の碑」。「風に鳴る碑」の前に防波堤が築かれて眺望がさえぎられてしまったため、芹沢文学館と隣り合わせの海が見える高台に建てられた 8. 港大橋を渡って我入道へ。のんびりとした街並みにホッとする 9. 海岸に咲いていたハマダイコンの花

6. 牛臥山の海岸には粘り気の多い溶岩が海底に噴出してドーム状になった大きな海底溶岩ドームがあった。岩肌には「流理構造」という模様が見られる

伊豆石で造られた蔵。我入道には、伊豆石の蔵が多かった。我入道は漁師の町。作家芹沢光治良もこの地で生まれ、家は代々網元をしていた

ひょっこりひょうたん島みたいな牛臥山

潮の浸食によってあいたものだという。自然の不思議を感じつつ、「立ち入り禁止」の看板を目前に引き返して、牛臥山の東側に位置する公園に向かう。西側の荒々しく厳しい表情と打って変わって、東側は駿河湾や伊豆の山々が一望でき、ウインドサーフィンが波間をたゆたう風光明媚な雰囲気だ。公園奥には、かつては明治の軍人大山巌の別荘があった小浜海岸がある。ひっそりとしたプライベートビーチのような風情で、今ではロケ地としても人気が高い。公園を出て、苔むした大朝神社で参拝をする。この神社は、沼津市の楊原神社の山宮であるともいわれており、毎年一月には双方の神社から成人の氏子を出して、海中みそぎの神事が行われるそうだ。

沼津の御用邸をぐるりと回って帰路につく。しばらく住宅街を歩いて再び狩野川を渡ると土手を降り、70年代まで走っていた「蛇松鉄道」の跡地を遊歩道にした蛇松緑道を歩く。井上靖が中学時代に寄宿していた妙覚寺や、若山牧水の墓や増誉上人の手植え松の像がある乗運寺などに寄りながら、千本浜道へ出てスタート地点へ。千本浜は夕日がゆっくりと沈み始める時刻になっていた。

認定ジオガイド
深貝俊夫さん

駿河湾と海際に迫る伊豆半島の山々と富士山が一緒になった景色が大好きという深貝さん。絶景を楽しみながらのウォーキングをお手伝い。歴史や文学にも詳しく、ジオスポットと絡めながらのガイドをしてくれる。

2

3

1

1. 牛臥山の東の麓にある大朝神社は、潮留明神とも呼ばれ、日蓮上人が津波の被害に苦しむ住民のために祈祷したと言い伝えられている 2. 奥駿河湾を前に芝生やベンチなど、きれいに整備された牛臥山公園 3. 乗運寺は増誉上人が開祖した古刹。寺には千本松原をこよなく愛した若山牧水の墓がある

access

【往路】JR 沼津駅→バス 10 分→千本浜公園バス停、または乗用車で千本浜公園駐車【復路】千本浜公園→バス 10 分→ JR 沼津駅

オススメ point

沼津港

昔から港周辺には食事処が多かったが、大型展望水門「びゅうお」や日本唯一といわれる「沼津港深海水族館」がオープンして、港周辺はますます賑わっている。コース途中での食事や休憩におすすめ。

コースガイド

千本浜公園駐車場 30分 ← 千本浜公園文学碑巡り 40分 ← 港口公園びゅうお 10分 ← 沼津港 40分 ← 不動岩 20分 ← 我入道公園 50分 ← 島郷公園 50分 ← 御用邸公園正面口 20分 ← 蛇松緑道 40分 ← 千本浜公園

JYOUYAMA

城山～長浜コース

火山の根っこ城山から海へ、三山縦走!

ゆったりと流れる狩野川沿いにそびえ立つ城山から、葛城山、発端丈山へ。
伊豆のへそから西側へ縦走するこのコースでは、
天城連山から富士山、富士山から駿河湾と、山頂からの眺望が楽しめる。

文・高橋秀樹

course ⑰

難易度 ★★★★★
歩行時間 約6時間25分
歩行距離 約10km

三島から伊豆各地に向かうとき必ず通るのが伊豆の国市大仁。「伊豆のヘソ」と呼ばれる交通の要衝だ。その大仁に、ゆったりと流れる狩野川のほとりに唐突にそびえたつ岩山がある。城山《じょうやま》（342m）だ。のっぺりした田方平野に異彩を放つ岩山は古くから、街道を往来する旅人の道標となっていたという。城山の向こうには葛城山（452m）、発端丈山（410m）といった山がコブのように連なり、静浦山地の一角をなしている。これらの山々は、伊豆半島が海底火山だった時代の記憶を刻んでいる。

城山は岩肌の目立つ山だが、近くに寄ると意外に緑が濃い。狩野川の川岸にある登山口も森の中だ。ジオサイトの説明板の脇から登り始めると森は薄暗くじめっとして、登山道のゴロゴロした石は苔むしていた。しばらくしてジオガイドの清野博さんが立ち止まり指差すほうを見ると、うっそうとした樹間に石丁場跡があった。

登山口から10数分のところに「ロッククライミングルート」の道標があり、ちょっと寄り道。ササの小道をほんの数分進むと目の前に衝立のような岩壁が現れた。〝南壁〟

4. 城山の南壁はまさに断崖絶壁、すごい迫力だ。クライマーの練習場としてよく知られ、遠方からも多くの登山者が訪れる（※登はんにはロッククライミングの装備が必要）

1

2

3

1. 城山の登山道に入ると、緑が濃い樹林帯が続く。適度な登りだが、初心者にも歩きやすく、ハイカーも多い 2. 伊豆に多い石丁場跡。ここ城山でも見られた 3. 地面には板状節理が目立ち、ここが火山の根っこであることを教えてくれる

むきだしの岩肌と
荒々しい足元に
火山の根を感じながら歩く

と呼ばれるロッククライミングのゲレンデだ。城山は、ロッククライマーの間では有名な岩登りのメッカなのである。南壁の高さは約２８０m、斜度は70度～１１０度という。つまり、庇状に反り返った岩場もある難コースらしい。この日、山頂付近で、南壁を登攀《とうはん》してきた男女二人組に出会ったが「2時間かかった」という。

南壁を見上げているうちに首が疲れてきたのでふと足元に目を移すと、きれいな割れ目が入った板状の岩が突き出していた。「これはマグマが冷えて固まるときにできた板状節理です。」と清野さん。伊豆半島がまだ海底にあった時代に火山が噴火し、やがて本州に衝突、隆起して地上に姿を現した。火山直下で冷えて固まったマグマは、その後、雨風によって浸食され〝固いエンピツの芯〟のように浸食に耐えたものが残った。城山はまさしく、その火山の根（火山岩頸《がんけい》）なのだ。目の前に立ちはだかる岩壁には数百万年前の海底火山の記憶が刻まれているのである。

再びハイキングコースに戻り城山山頂を目指す。遠目からは想像できないほど木々でうっそうとし、森床

1

2

1.2 城山の頂上からの展望。天城山の方から北に向かって流れる狩野川がくっきりと見える。遠くに天城山、巣雲山なども。頂上から北側には、雲の合間に富士山も見えている。眼下に広がる田方平野は縄文時代には伊豆長岡付近まで海だったと聞く

天城からの
狩野川の流れ
田方平野が見わたせる

はシダや、オカトラノオ、ウドといった夏草が生い茂り、空気は蒸していた。息が上がるほどではないが、がぜん水分補給の回数は増える。出発して40~50分で城山峠に差しかかる。ここには、枯れてしまっているが一本松と呼ばれるマツと、その根元には風化した野仏が座っている。かつてこの山道が村落と村落をつなぐ〝生活の道〟であったことをうかがわせる佇まいだ。

城山峠の分岐から山頂へ向かうと、馬の背のような登山道の周りは、備長炭の材料として知られるウバメガシの森に変わる。「ウバメガシは温暖な海岸線近くの山によく見られる樹木。かつては、城山の足元まで海だったと考えられています」(清野さん)。登山道脇には、ところどころ岩が露出しており、板状節理を見ることもできる。そして、城山峠から20分ほどで山頂だ。眼下に、蛇行する狩野川と田方平野が南北に伸び、目を上げると北に箱根、東には伊東や熱海と伊豆の国を隔てる山塊が横たわる。北西を向くと静浦山地の上に富士山が雲をたなびかせていた。

城山峠に戻り、今度は葛城《かつらぎ》山を目指して起伏の少ない〝巻き道〟を進んだ。途中に「七つ石」と呼ばれる場所があり、路傍に、いくつもの巨

3

4

3. 峠から城山山頂に向かう道はやせ尾根で、ウバメガシの林をくぐるようにして歩く。尾根の真ん中に巨大な岩がいくつも突き出ており、岩の脇をすりぬけて歩く 4. 城山山頂と葛城山への分岐点にあるほとけ様。大仁から沼津へ、この道がかつての生活路であったことを思わせる

オカトラノオ。花の時期は6~7月頃

石が顔を出している。これも海底火山の〝置き土産〟なのだろう。その先には「文政7年（1824）と刻まれた馬頭観音があった。

城山峠から城山林道を横切り40分ほどで葛城山分岐だ。ここからいったん15分ほど下った登山口から葛城山の山頂を目指すという変則的な道程だ。ガラガラした石が転がり、ジグザグに折れる山道を汗だくだくで登って行くことおよそ30分。観光客が涼しい顔で闊歩している。何のことはない。麓の伊豆長岡からロープウェイで汗もかかずに来られる山なのだ。山頂にはレストランや売店まであり、立派な観光地だ。地質学的には城山と同じ「火山の根」だが、城山のような荒々しさはない。観光客のお目当ては富士山らしいが、先ほど城山で見えた富士山は雲隠れしてしまっていた。しかし、眼下には駿河湾と、海底火山の名残である静浦山地が手に取るように見える。

日本には宗教的な色彩を持った山岳が少なくないが、葛城山も、そうした山のひとつである。奈良と大阪の県境にある大和葛城山などで修行をした修験道（山岳宗教）の開祖である役小角（634～701年）にゆかりの深い修験の山であり、山頂には葛城神社が祀られている。鎌倉幕府を築いた源頼朝が伊豆に流されたとき、葛城山で鷹狩りをしたという言い伝えもあり頼朝のブロンズ

6

7

6. 城山峠から樹林帯を抜けて七つ石へ。その先にある馬頭観音。静かな佇まいに心惹かれる
7. 葛城山山頂には、葛城神社や、鎌倉時代から鎮座していたといわれる百体地蔵尊などがある

8. 葛城山の山頂まではけっこうな勾配で修験の山であったことも頷けるような息の上がりっぷりだった

9

10

9.10 山腹にある益山寺（えきざんじ）は、高野山の末寺で空海によって創建されたと言われている。境内には見事な大銀杏（伊豆市指定天然記念物）と大楓（県指定天然記念物）がある。この銀杏の樹皮が乳房のように垂れ下がっていることから、母乳に悩む人にも信仰されている

2

1

1. 発端丈山山頂。この頃にはあいにくの曇り空になってしまったが、気持ちよく開けた場所で、晴れていれば駿河湾越しの富士山が望める 2. 発端丈山からの下り、晴れた日の展望（写真提供・清野博さん）3. 下りはかなりの勾配で、夏場は木々に覆われて眺望も望めない。場所によってはやぶ漕ぎのような状態で草をかき分けて進む 4.5 ようやく内浦長浜の集落が見えてきた。伊豆のへそから海岸までの縦走、海が見えてゴールの感激もひとしおだ

3

駿河湾と富士山の姿に、疲れも吹き飛ぶ！

4

像があったり、鎌倉時代から〝導き地蔵〟として鎮座する「百体地蔵尊」も残る。葛城山はなかなか歴史のある山なのだ。

ジオサイトの見学ならば、葛城山から板状節理が見られる竜神岩を経て小坂へ下ってもよいが、「せっかくなら発端丈山まで足を伸ばして長浜に下りましょう」という事前の計画通り、先ほどのジグザグ道を下り、再び、発端丈山を目指した。葛城山山頂から、途中、真言宗（高野山の末社）の名刹で樹齢900年ほどの大カエデで知られる益山寺（標高300m）に立ち寄り、発端丈山山頂まで2時間近い道程だ。登って下っての繰り返しで、山登りの醍醐味でもある〝稜線歩き〟は望むべくもない。

発端丈山の山頂はこんもりとした丘という感じで、眼下に駿河湾が見渡せ、富士山も望める眺望の良さが売り物なのだが、生憎、富士山は雲の中。長浜までは急斜面で滑りやすい。足元に気をつけながら下るがなかなかの大下りだ。「まるで修行」「低山を侮るなかれ」などとぼやきつつ、やっと海岸にたどり着くと疲れた体に潮風が心地よかった。

5

access

【往路】伊豆箱根鉄道大仁駅→徒歩30分→城山登山口　またはタクシー利用【復路】長浜バス停→バス30分→JR沼津駅　またはタクシー利用

オススメ point

あやめ湯

伊豆長岡にいくつかある共同浴場のひとつ。源氏山の東のふもとにある静かな浴場で、やや熱めのさらりとしたアルカリ性単純温泉。地元の人との会話にも癒されるやさしい湯だ。
■伊豆の国市古奈72-1 TEL 055-948-3840

コースガイド

城山登山口
← 50分
城山峠
← 20分
城山山頂
← 20分
城山峠
← 40分
葛城山分岐
← 45分
葛城山山頂
← 45分
葛城山分岐
← 30分
益山寺
← 40分
発端丈山
← 30分
長浜バス停

DARUMAYAMA

達磨山・金冠山コース

富士山ビューが最高の稜線歩き

伽藍山、古稀山、達磨山、小達磨山、そして金冠山をつなぐコースは、
天気が良ければ霊峰富士を眺めながらの稜線歩きが楽しめる。
かつて火山だった達磨山と伊豆半島の成り立ちが分かる景色も素晴らしい。

文・高橋秀樹

course ⑱

難易度 ★★★★☆
歩行時間 約2時間45分
歩行距離 約7km

修善寺から県道18号線を西伊豆の戸田に向かってゆるやかに上ると戸田峠（標高725m）だ。そこから南へ伊豆スカイライン（県道127号線）を走ると風景が一変する。伊豆半島の山々は、最高峰である天城山の万三郎岳（1406m）をはじめ、たいがい山頂まで木々に覆われている。ところが戸田峠辺りから南へ伸びる山塊の山頂部は、ほとんどがササに覆われており、高原の趣なのだ。視界が広く伸びやかな気分になる。「駿河湾から吹き上がってくる強風で木が育ちにくいせい」とはジオガイドの杉本文雄さんだ。

北から金冠山、小達磨山、達磨山、古稀《こき》山、伽藍《がらん》山と南へ連なる800〜900m級のなだらかな山塊は、眺望のいい〝稜線歩き〟を楽しめる人気のハイキングコース（伊豆山稜線歩道）になっている。ただし、眺望については天気次第だ。天気は良くても靄《もや》っていれば眺望は期待できない。われわれが歩いた6

達磨山から小達磨山へ向かって行くと、正面に富士山がドーン。達磨山周辺は富士山のビューポイントのひとつで、裾野を広げた霊峰が見事月中旬も、そんな日だった。

県道127号線脇の土肥駐車場（標高800m）から歩き始めた。北に向かって車道を歩いて間もなく、伽藍山（867m）への道標があり、潅木の登山道に入る。それもすぐにササ原の道に変わり10分ほどで伽藍山だ。〝山〟といっても道標がなければ気がつかないほどなだらかだ。さらに進むと、いったん車道に出るが、間もなく古稀山（920m）へ向かうさササ原の道に入る。歩道脇にはところどころに低木が茂っているが、立ち枯れしている木も少なくない。「サラサドウダンやリョウブといった樹木がシカの食害で立ち枯れてしまっています。年々、シカの食害が深刻化している」（杉本さん）という。

出発して30分ほどで古稀山に着いた。その手前から、行く手に連山の最高峰である達磨山（981.8m）が見えてくる。ほとんどがササに覆われた山肌には山頂まで続くうねるような歩道がくっきりと刻まれ、登っている人の姿さえ手に取るようだ。古稀山からいったん戸田駐車場（880m）まで下り、そこから達磨山を目指して登ること約20分で達磨山の山頂に立った。あいに

1

2

5

3

4

6

1. 古稀山に向かう途中。ササの間を歩いて行くので、見晴らしは良い 2. 古稀山を下山して達磨山へ。達磨山が伊豆を代表する大型火山とはイメージしにくいが、かつては、今よりずっと標高の高い雄大な山だった 3. 新緑の中に咲く赤い花は、見頃を過ぎたヤマツツジ 4. 古稀山山頂は雲が多くて眺望はいまひとつ。この山は古稀（70歳）を迎えた記念に登るハイカーが多いという 5.6. 古稀山手前は樹皮をはがされ枯れてしまった木や、下層のササも食いちぎられた跡が目立った。これはすべて鹿の食害。伊豆半島だけでなく全国的にも鹿の被害は深刻で、山が荒廃する原因の1つとされ、問題になっている

1. 達磨山山頂にあった一等三角点。万三郎岳、暗沢山と、伊豆半島には3つの三角点がある

2. 達磨山の山頂からは富士山をはじめ沼津から御前崎まで続く海岸線、南アルプス、天城山など360度のパノラマが楽しめる 3.4.5 古稀山から達磨山へ、なだらかなアップダウンが続く。日陰がなく、炎天下だとちょっときつい。噴火を終えて50万年経った達磨山は起伏のゆるい裾野が残っている。天城山と共に伊豆を代表する大型火山のひとつだったとは信じがたい

6. ウツギは枝先に円錐形の白い花をたくさんつける

くの天気で同行者の喝采にも力がない。

かつての海底火山が陸地化し、地殻変動によって本州に衝突を始めたのがおよそ100万年前。陸地化した後、いくつもの火山が活動した。伊豆半島の北西部にそびえる達磨山は、天城山とともに伊豆を代表する大型火山のひとつであり、およそ100〜50万年前の噴火で誕生した山なのだという。伊豆半島の東西に連なる天城山とともに、達磨山は南北に連なる大型火山は、現在の伊豆半島の地形の〝屋台骨〟になっている。

達磨山には、伊豆に3ヶ所ある一等三角点のひとつがあり、360度の展望の良さから、別名「十三国峠」。伊豆・駿河・安房・相模・武蔵・甲斐・信濃・遠江・三河・尾張・伊賀・伊勢の十三国が見渡せるというのだが、いささか大げさな気がしなくもない。しかし、天気が良く、空気が澄んでいれば、富士山や駿河湾、天城山をはじめとする伊豆の山々、遠くは帯のように伸びる南アルプスが望める。「達磨山からの展望を楽しむなら、秋以降から春先でしょうか」と杉本さん。

達磨山を下って行くと左手(西側)

山頂に広がる360度の大パノラマ 達磨山と伊豆半島の成り立ちを考える

7. 手前の赤土が火山の名残。火口から噴出したマグマのしぶきが空中で冷えて固まったもの 8. 達磨火山と井田火山に囲まれた戸田の町。長い年月、風雨や波により2つの火山は削り取られ、大きな谷や絶壁をつくった。削り取られた土砂が駿河湾の海流に運ばれて、港の入口に帯状にたまっていった。こうして砂嘴と呼ばれるくちばしのような形の岬が戸田にできた 11. 達磨山から小達磨山へ。道の両側に灌木が現れ、日差しが遮られてやや涼しくなった

9. 達磨山ではたくさんの蝶を見た。これはスジグロシロチョウ

10. 南方系の蝶だが生息地域が拡大したツマグロヒョウモン

の眼下に、砂嘴《さし》と呼ばれる鳥の嘴《くちばし》のような岬を持つ戸田港が見えてくる。この海流の作用で土砂が運ばれてできた岬（御浜岬）によって戸田は天然の良港として、古くから栄えてきた。幕末、安政の大津波が原因で沈没したロシア軍艦ディアナ号の代用として日本初の西洋式帆船ヘダ号が造船された地であり、タカアシガニ料理でも馴染のある町だ。

こうやって俯瞰してみると、戸田は三方を急峻な山に囲まれた谷間の扇状地に町が形成されていることがよくわかる。その扇状地の頂点に位置しているのが達磨山だ。実は、戸田の地形は達磨火山と深く関わっているようだ。「駿河湾に面した西側斜面には、火山活動の後に長い時間をかけて浸食され、大きなえぐられた谷間ができた。それが戸田」（杉本さん）だという。また、達磨山は達磨火山が、大きく浸食されて残った峰のひとつで、本来の山頂はかつての浸食の激しい西側斜面のほうにあったと考えられている。さらに進むと、赤錆色の土が露出しているところに差し掛かる。スコリアと呼ばれる粘り気の弱いマグマのしぶきだ。穏やかで、一見、かつての火山とは想像できない風景の中で、数少ない火山の記憶だろう。

達磨山から小達磨山（８９０ｍ）

1.2 達磨山から小達磨山を経由して金冠山まで約1時間で、標高816mの山頂に。100〜50万年前に噴火した金冠山は達磨山火山の外輪山に相当する。山頂からの景観は、かつての達磨山火山の西半分が大きく浸食されたことを実感できる

富士山を満喫しながらゆるい坂道を登ったり下ったり

を経由して、いったん戸田峠に下りる。そこから今度は金冠山を目指した。小達磨山から金冠山にかけての登山道は、低木に覆われた道で、独特の曲がりくねった幹を持つアセビが目立つ。「馬酔木《あせび》と書くくらいだから、毒があってシカも食べない。そのうち、この辺りも、シカの食害に遭わない植物だけになってしまうかも」と杉本さん。とはいっても日当たりのいい場所にはヤマボウシやウツギが花を咲かせ、目を楽しませてくれた。

　戸田峠から20分近く登ると金冠山（816m）山頂だ。天気が良ければ、駿河湾越しに愛鷹山、富士山、遠くは南アルプスが望める。山頂での喝采は小さく、寂しくオニギリを食べ、終点であるだるま山高原レストハウスを目指して下山。金冠山からレストハウスまでの道程は「富士見コース」と呼ばれる防火帯の道だ。ときおり富士山が顔を覗かせるという起伏の少ない気持ちのいい芝生の道である。道中にはコアジサイの群落があり「何度も来てるけど、こんなに咲いてるのは初めて」と杉本さんがはしゃいだ。

　金冠山から40分弱でだるま山高原レストハウス。日中戦争が泥沼化し、日米関係も悪化していた昭和14年（1939）、ニューヨークで開催されたニューヨーク万博に日本から出展された一枚の写真がある。縦8.2m、横32.7mの富士山のパノラマ写真で、現在のレストハウスの近くから撮影されたものだ。

天然自然ガイドクラブ／認定ジオガイド
杉本文雄さん

天城山を拠点に活動をする天城自然ガイドクラブの代表も務める。トレッキングやハイキングの楽しみにジオを添えた分かりやすいガイドが好評。「この先に若干きつい登りがある」の"若干"に乗せられて歩いてしまった。

3.5 金冠山を下りて、だるま山高原レストハウスへ。登山道は最初、広くてなだらか。天気が良ければ左前方に富士山が見える。そのうち道は蛇行し始め、火山らしく道沿いに巨岩が現れる 4. ヤマボウシや、日本固有種のコアジサイなど季節の花々が目を楽しませてくれる

access

【往路】修善寺駅→バス 28 分→大曲茶屋→徒歩 90 分→土肥駐車場【復路】だるま山高原レストハウス→バス 27 分→修善寺駅

オススメ point

だるま山高原レストハウス

富士山と駿河湾の絶景が目の前に広がる絶景地にあり、ドライブやハイカーの休憩スポットとして人気が高い。伊豆名物の黒米や鹿料理など地元の食材を使ったメニューを用意。ロッジ、キャンプ場も隣接している。

コースガイド

土肥駐車場 ← 10分 ← 伽藍山 ← 25分 ← 古稀山 ← 30分 ← 達磨山 ← 25分 ← 小達磨山 ← 20分 ← 戸田峠 ← 20分 ← 金冠山 ← 35分 ← だるま山高原レストハウス

IHAITAKE

位牌岳コース

愛鷹山の雄大な姿を間近に感じる

日本の二百名山のひとつ愛鷹山は、古い火山の名残を留める山。
連峰2番目に標高の高い位牌岳山頂を目指し、
美しい水の湧き出る水神社から出発した。

文・高橋秀樹

森の仲間の
宴の跡が!

course ⑲

難易度	★★★★★
歩行時間	約7時間
歩行距離	約10km

日本一の富士山のすぐ側に位置しているせいか愛鷹山《あしたかやま》は、目立たない地味な山と思われがちだが、越前岳を筆頭に位牌岳《いはいだけ》、前岳、呼子岳、鋸岳、大岳、袴腰岳《はかまごしだけ》、愛鷹山、黒岳の頂を持つ1000~1500m級の大きな山塊だ。神奈川県の足柄山、山梨県の足和田山と愛鷹山は「富士の三足」と呼ばれる。「足」は付いてないのにと思うかも知れないが、もともとは「足高山」と呼ばれており、沼津市にはいまでも「足高」という地名が残る。

県道405号線を愛鷹山に向かう。狭い長泉林道を走り、少々心細くなった頃に「水神社」の案内板が現れる。やがて林道は一般車両通行禁止になっており、その脇に無料の駐車場がある。愛鷹連山のひとつ位牌岳(1458m)への登山口だ。今回は、愛鷹山に詳しい地元の後藤治彦さんに山の案内をお願いし、伊豆半島ジオパーク推進協議会の鈴木雄介さんにも参加してもらった。

駐車場から鬱そうとした杉並木を進むと水のせせらぎが聞こえ、渓流の脇に大きな三階建ての客殿、石段の奥に本殿が現れる。地元で「スイジンサン」と呼ばれる愛鷹山水神社だ。その由来を読むと、明治初年、

1

2

3

4

静かな神社から一転、手付かずの自然を感じる山道

6

5

1. 沼津市と長泉町の境目に位置する水神社境内 2. なぜか不動明王も祀られている 3. 手水がこれほど澄んで満杯な神社も珍しいのではないだろうか 4. 沼津の漁師がよく訪れるという水の神様にお参り 5.6 登山道に入る手前の舗装道路から沢に降りると、見事な板状節理が見られる。「竜のウロコ」と呼ばれる岩肌は噛むことができればサクサクといい音を立てそうな重なり具合。そのまま枯れ沢を登り、登山口に向かう

日竜《にちりゅう》という法華経の荒法師が「三島宿より桃沢川の流を遡ること五里」の愛鷹山中に分け入り、厳しい修行の後に開山したとある。いまは形式は神社であるが〝神仏習合〟の名残をとどめる聖地である。本殿脇の渓流には滝が落ち、境内にはこんこんと水が湧く。祀ってあるのは水の神「八大龍王」（龍神）。水難守護を祈願して漁業関係者の参拝も多いという。近頃では美味しい湧水が評判で水汲みにやってくる人が絶えない。

水神社を後に位牌岳へ向かう舗装された林道を少し歩くと、鈴木さんが立ち止まり、林道脇の沢を指差した。大きな岩がゴロゴロした沢だが、その岩壁一面がトゲトゲした異様な姿なのだ。ゴジラか恐竜を連想させる岩肌である。「〝竜のウロコ〟と呼ばれているそうです。地質学的には板状節理です」と鈴木さん。節理というのは規則正しい岩の割れ目のことで、文字通り、岩がきれいな板状に割れている。火山岩のひとつである安山岩質の岩石によく見られ、溶岩が冷え固まる際にできる造形だという。

愛鷹山は箱根火山と同じ頃に噴火をはじめた複成火山だ。およそ40万年前に噴火が始まり、10万年前に黒

1

登りはじめるとやがて
ブナやカエデなどの
明るい森に

岳溶岩ドームと火砕流を噴出したのを最後に火山活動を終えたという。「富士山も同じ複成火山ですが、富士山は約10万年前に噴火を始め、ほぼいまの形になったのは2000年ほど前で、火山としては愛鷹山のほうが、はるかに先輩」（鈴木さん）なのだという。大昔に火山活動を終えたこともあって浸食が進み、いくつもの深い谷を刻む山塊に姿が変わっている。火口は位牌岳の西側にあったと考えられているが、浸食の影響で明瞭な火口地形は残っていない。

　登山口のゲートから20分ほど林道を歩くと「つるべ落としの滝ハイキングコース案内図」があり、登山道に入る。しばらくは薄暗いスギの植林地を進むが、標高が上がるにつれてカエデなどの落葉広葉樹の明るい森へと変わる。と同時に足元も土道から荒々しい石の道に変わってきた。

　先の案内板から10分ほど進むと登山道の右手に大きな一枚岩の〝滑沢〟が現れる。「千じょう岩」の看板がある。「この大きな一枚岩は溶岩です」と鈴木さん。この山を熟知している後藤さんは「水が流れるのは大雨が降った後くらいで普段は〝枯れ沢〟です」。千じょう岩から、先に

2

3

4

1.2 登りはごろごろした岩場地帯が目立つ。水神社ではあんなにコンコンと水が湧いていたが、沢には水が見られない。ブナの森に入ると緑が濃くなってきた 3. 湿った日影にひっそりと咲くギンリョウソウ 4. 溶岩の上面を水が滑した迫力ある千じょう岩 5. 板状節理の発達した愛鷹山。その溶岩にかかる滝がつるべ落としの滝だ。普段は水が少ない滝だというが、蒸し暑かったこの日、幸運にも水の神様が微笑んでくれた

5

進むと、火山の記憶がさらに鮮明になってくる。登山道の脇の岩肌には木々が根を張った板状節理が見られ、足元には、それが崩れ落ちたと思われる板状の石がゴロゴロしている。

千じょう岩から30数分登っていくと水の音が聞こえ、登山道から少し外れて下ると目の前に滝が現れた。「つるべ落としの滝」だ。落差20mほどだろうか。「ツイてます。かなりの水量がある」と後藤さん。「えっ?」と尋ねると、愛鷹に降った雨は、すぐグズグズの地面に吸い込まれてしまうため、普段はこの滝に水があることは少ないらしい。その黒々とした断崖をじっくりと眺めると、ところどころに板状節理を見ることができる。まさしく、水に浸食されながらも火山の記憶をとどめている滝なのだ。

つるべ落としの滝の位置を地図で調べると、先の愛鷹山水神社の脇を流れていた桃沢川の源流域であることが分かる。そして伊豆半島ジオパークの「桃沢川ジオサイト」なのである。愛鷹山南東麓を深く浸食する谷に沿ったジオサイトだ。桃沢川は深い谷を下り、やがて黄瀬川と合流し、最後は狩野川となって駿河湾に注ぐ。狩野川は伊豆半島最大の田方平野を形成しているが、その平野の北部には桃沢川、黄瀬川といった河川によって愛鷹山や富士山からの土砂などが運ばれ、扇状地をつくっているのだという。

さらに高度を上げていくと美しいブナの森が広がる。森の床はふかふかとして岩は苔むしていた。自然の庭園といった趣だ。動物の気配も濃く、小動物がモミの松かさを食べ散らかした晩餐《ばんさん》の跡があったりした。

つるべ落としの滝から1時間30~40分で位牌岳に通じる稜線に出る。気温がぐっと下がり、霧がたちこめてきた。かつて火口があったとされている位牌岳の西側を覗き込んでみたが、あいにくの霧で何も見えない。

6.7 稜線に出るというあたりで、肌寒くなり霧が立ちこめて、神秘的なムード 8. 稜線から西側を望む。天気が良ければ富士市側が見下ろせる所だが、霧でなにもみえない 9. 頂上は樹林に囲まれてほとんど見晴らしがない。日差しがあれば、手前の稜線の広い場所で休憩できる

認定ジオガイド
後藤治彦さん

特に愛鷹山に精通しており位牌岳をこよなく愛し、隅々まで知りつくしている。ドラえもんのようなポケットには、山に必要な装備がコンパクトに仕込まれていた。

1. ガイドの後藤さんが翁と名付けているドウダンツツジの大木 2. 下りのきついところはかなり滑りやすい 3. リョウブの花につくミツバチ 4. 後藤さんが「倒木の森」と名付けた枯れブナの森。不思議とこの一帯には樹木が生えてこないのだという 5. 池ノ平から広々とした防火樹林帯を歩いて下る。ここまでくれば一安心だ

むしろそのことが不気味に思えてくる。

稜線に取り付いてから20分ほど登り位牌岳山頂に立った。山頂から富士山が見えるそうだが霧で残念。が、達成感十分な登頂だった。

再び、同じ稜線を下り、今度は池ノ平を経由して下山。前岳（1336m）を北に見る稜線歩きなのだが、これが長い。ところどころに「馬の背」と呼ばれる、両側が深い谷になった狭く急峻な山稜を歩かなければならない。そのことが、愛鷹山が「浸食が進み、多くの谷を持つ」険しい山塊だということを実感できる。

汗だくで出発地点に戻ったときは、日が暮れかかっていた。

下りの稜線歩きは なかなか険しく、 愛鷹山の雄々しさを知る

6. 稜線を下る途中の山腹から、裾野市側に展望が開けていた。自衛隊の演習場から大砲の音が聞こえることも

access

水神社までは乗用車で、もしくはタクシー利用、JR三島駅から45分。

オススメ point

水神社

ハイキングコースの起点にあり、パワースポットとしても人気が高まる水神社では、湧水をいただくことができる。お賽銭をしていただこう。

コースガイド

愛鷹水神社 30分 → 桃沢橋 50分 → つるべ落としの滝 60分 → 沢登口 60分 → 本沢分岐 45分 → 位牌岳 45分 → 倒木の森 90分 → 池の平 40分 → 水神社

MISHIMA

三島街歩きコース

溶岩台地の上にある三島を歩く

街の中心部を清流が流れる三島。1万年前、富士山から流出した溶岩と、その溶岩の隙間を通って富士山の雪解け水が湧く川と、三島はジオの恵みで満ちている。川面を渡るさわやかな風を受けながら、のんびりウォーキング。

文·編集部

course ⑳

難易度　★☆☆☆☆
歩行時間　約2時間30分
歩行距離　約5km

1. 三嶋大社の別宮であり、二宮として信仰を集めてきた浅間神社は閑静な場所にある

街のあちらこちらで水が湧く三島は〝水の都〟と呼ばれている。約1万年前、富士山の噴火で流れ出した溶岩が、愛鷹山と箱根にはさまれた広い谷を流れ下り、約40km離れた三島にまで達し、〝三島溶岩流〟という溶岩が三島市北部の大地を作り出した。そして富士山の雪解け水や雨水は、隙間の多い溶岩の中を地下水となって通りぬけ、溶岩台地の端まで運ばれる。それが湧水として街のあちこちに湧きだして、豊かな情景を作りだしている。

　そんな三島の街歩きは、ジオパークビジターセンターのあるJR三島駅南口から出発。まずは三嶋大社の別宮である浅間神社へ。広い通りからちょっと入った神社の境内は、人気もなく静まり返っている。かつて伊豆や三島の人たちは富士山に登るとき、必ずこの神社に詣でたというにわかに信じがたいほど、ひっそりとした佇まいだ。社殿の脇にある数段の石段は昔の登山道の一部で、昭和の初め頃まで使われていたという。昔は社務所でお守りを買ってから富士山を目指していたのだそうだ。今は3～4段上るとすぐに楽寿園の外壁に行く手を阻まれてしまった。

　そこから楽寿園の南出口、蓮沼川にある「ほたるの里」。こんなに街中でホタル観賞できるのも、やはり湧水が豊富だからだろう。蓮沼川の源流は楽寿園の小浜池で、園内に小松宮別邸があったことから地元の人は「宮さんの川」と呼んでいる。「子

2. 拝殿横に延びるのは昔の登山道 3. 浅間神社拝殿の足元には縄状溶岩が。富士山が噴火した時、溶岩がここで止まったことから、地元では「岩留浅間」と呼ばれ親しまれている

4. 三嶋大社の門前町として栄えた三島宿。宿場町の面影を残す家並みが残る 5. 水源は楽寿園の小浜池だという蓮沼川。楽寿園は小松宮彰仁親王別邸があったことから「宮さんの川」とも呼ばれている

1. 源兵衛川は、三島を象徴する清らかな川 2. 伊豆国の一宮として伊豆半島の信仰の中心だった三嶋大社（火山神を祀る）3. 足元に溶岩が露出する白滝公園

供の頃はこの橋から飛び込んで泳いだ。湧水だから水が冷たくてね、唇が真っ青になったもんだよ」と、ジオガイドの山口東司さん。そしていよいよ源兵衛川へ。三島には何度も来ているが源兵衛川を歩くのは初めてだ。蓮沼川と同じ楽寿園の小浜池を源流とする川で全長1．5㎞。室町時代に地元の豪族・寺尾源兵衛が湧水をたどりながら掘削し、広瀬橋より下流は中郷地区の農業用水として使うために人工的に作ったといわれ、源兵衛の名前から源兵衛川と名付けられた。

　川の中に配した飛び石や歩道に沿って、せせらぎを見ながら歩く。取材した5月にはまだ水深は浅く、川風が心地よい。市街地の真ん中を流れる川とは思えない豊かさで、絶滅危惧種のホトケドジョウをはじめ、ゲンジボタルやカワセミ、ミシマバイカモなどの動植物を観察できる。

　水辺の飛び石が終わると、いったん川から上がって広小路の三石神社へ。江戸時代、神社境内にある「時の鐘」の音を聞いて、三島宿の人たちや旅人は時を知った。脇を流れる源兵衛川の中に大きな石がゴロンと転がっている。富士山山体崩壊の際、愛鷹山と箱根山の間を土石流が流れた〝御殿場泥流〟が大石をここまで運んだのだという。

　そこから再び源兵衛川の遊歩道へ。しばらく歩いて水の苑緑地の景観を楽しんだ後は、川を離れて佐野美術館方面へ。美術館と道を挟んで三島梅花藻の里がある。ミシマバイカモは昭和5年（1930）、楽寿園の小浜池で発見されたキンポウゲ科の多年生水生植物で、糸状の沈水葉と手のひら型の浮葉に特徴がある。冷たいきれいな水の中でしか育たないというミシマバイカモは、水の都を代表する花といえる。地元の人が大切に育て、今では水の苑緑地付近の源兵衛川にもミシマバイカモが増えつつあるという。

　さて、一行は、伊豆国三宮の楊原神社、そして伊豆国一宮として栄えた三嶋大社に寄りながら白滝公園へ向かう。ケヤキの大木が生い茂り、新緑がまぶしい白滝公園は、足元に三島溶岩が露出していた。三島の街が溶岩台地の上にあることを、あらためて感じる。白滝公園で湧き出した水は、少し離れた菰池からの湧水と一緒になって桜川となる。かつては湧き出る水の量が多く、滝のように流れていたことから白滝という名前が付けられたそうだ。このあと、

認定ジオガイド
山口東司さん

生まれも育ちも三島という三島っ子。小学生から高齢者まで、幅広い年齢層を対象に三島市内の観光スポットやジオポイントを紹介する。「クイズです！」と、Q＆Aスタイルで説明してくれるのが楽しい。

4. ミシマバイカモの見頃は5～9月頃。梅の花に似た小さな花をつける 5. 源兵衛川に御殿場泥流で運ばれた三ツ石と呼ばれる巨石があり、その上に社殿を建てて稲荷社を祀ったのが三石神社

街のまん中に、こんなにたくさんのジオ！？

桜川の源流となる菰池と、昔は富士山に登る人、三嶋大社に参拝する人が自分の姿を水に映し身だしなみを整えたという鏡池を見ながら、本コースの最終目的地、楽寿園へと足を進める。

楽寿園は明治23年（1890）、明治維新で官軍司令官だった小松宮彰仁親王が別邸として造ったもので、明治44年（1911）に李王家の別邸に、そして昭和27年（1952）に三島市立公園になった。約2万坪の広大な敷地を持つ。入口に『本日の小浜池の水位はマイナス32㎝です』と書かれている。園の南側に広がる小浜池は、富士山からの地下水がわき出る天然池。平成24年に満水になったが、ここ2年ほどは夏も冬もまったく水位が上がらないという。

楽寿園はジオの宝庫だ。約1万年前の富士山の噴火で流れ出た三島溶岩流で地形はできている。溶岩流が固まり始めた時に周囲の溶岩に押し上げられてできた「溶岩塚」、また縄状溶岩など、さまざまな溶岩を間近で観察することができる。縄状溶岩とは、つめたい空気に触れて固まった溶岩の表面が、内部の固まってない溶岩にひっぱられて縄のようなシワを作り、縄を何本も並べたように見えるためにそう呼ばれる。そういえば、最初に訪れた浅間神社の境内にも縄状溶岩があった。「ここが楽寿園の中で最高の場所なんですよ」小浜の森の中にある溶岩塚と縄状溶岩の前で山口さんは目を細めた。

小松宮彰仁親王の別邸として建てられたという楽寿館を見学して、楽寿園を出たところで三島の小さな旅も終了した。

6

7

6. 小浜池の中央には楽寿園の守り神、伊豆四宮広瀬神社がある 7. 園内ではいろいろな溶岩の地肌を観察することができる

8. ジオサイトに認定されている楽寿園。溶岩単層の重なり具合、断面、たわんだ様子などが観察できる

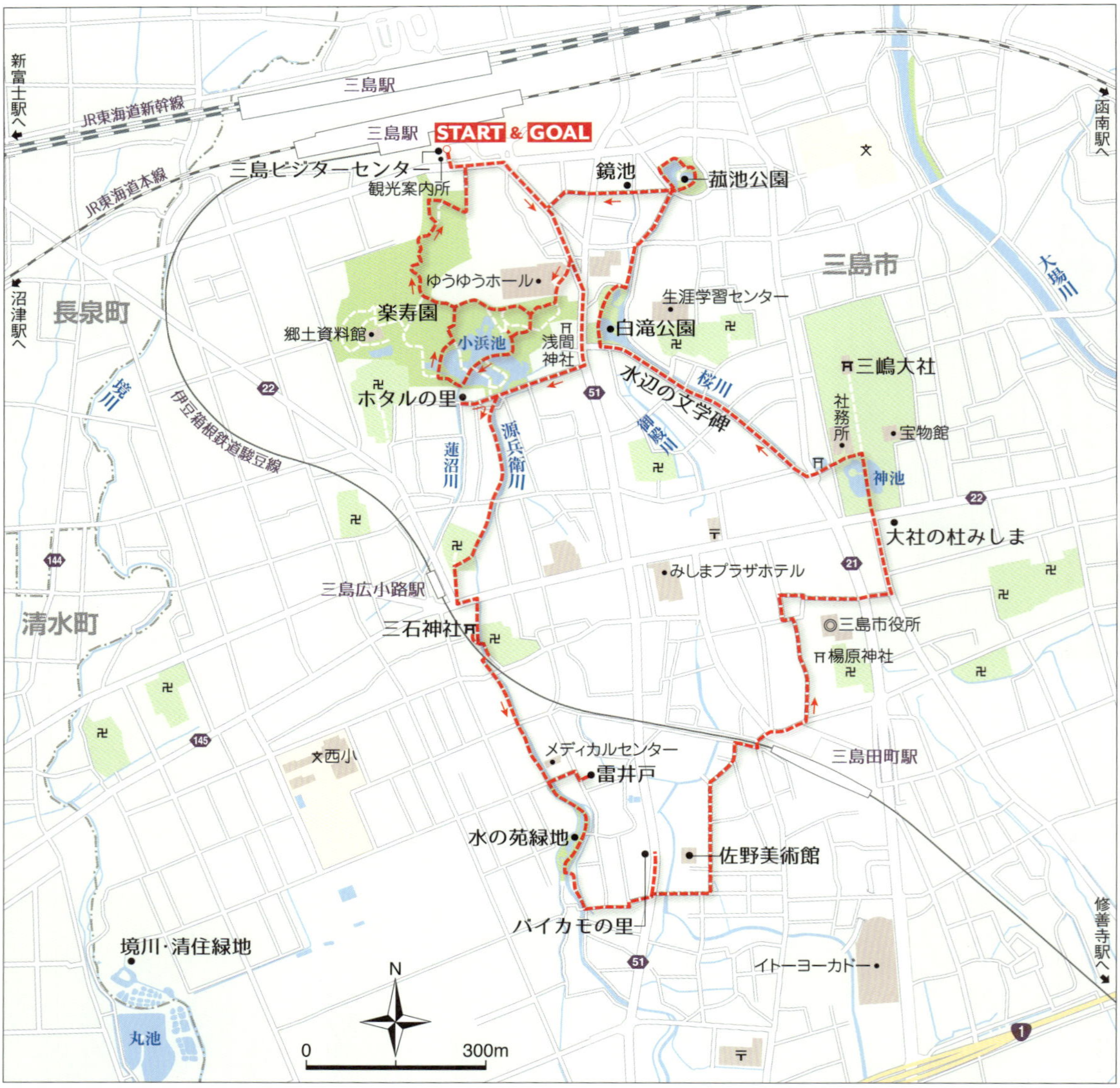

access

【往路】【復路】JR三島駅

オススメ point

楽寿館

明治23年、小松宮彰人親王の別邸として建てられた楽寿館。明治時代を代表する画家たちが描いた襖絵、天井画、杉板戸絵が大迫力。一般公開は1日6回、入れ替え制。

■三島市一番町19-3 楽寿園内

コースガイド

三島駅 → 15分 → 浅間神社 → 10分 → ほたるの里・宮さんの川 → 15分 → 三石神社 → 15分 → バイカモの里 → 20分 → 三嶋大社 → 20分 → 白滝公園 → 10分 → 菰池・鏡池 → 15分 → 楽寿園 → 30分 → 三島駅

KITAIZU②

壮大なスケールの歩きが楽しめる熱海、函南エリア。
人びとにとって、山と海、そして大地が
畏怖の念をもって、信仰の対象になっていたことがわかるだろう。

十国峠／玄岳・丹那盆地

JYUKKOKU

十国峠コース

標高765 mの十国峠から南方向には、天城山の山体や達磨山など、約1000万年前から造られた伊豆半島の山々を一望することができる

景色よし、歩きやすさよしの好コース

日金山山頂、十国峠から岩戸山を経由して伊豆山神社へ。山登りではなく、山下りのイメージが強く、歩きやすさからか年配のハイカーにも人気。
ゴール間近、800段以上の石段をクリアすれば、温泉のごほうびが待っている。

文·高橋秀樹

ちょっとレトロなケーブルカー

course ㉑

難易度	★★★★★
歩行時間	約3時間20分
歩行距離	約10.8km

JR熱海駅からバスで十国峠バス停。そこからケーブルカーでものの3分で標高765mの十国峠だ。今回は、ここから岩戸山《いわと》（734m）を経由して伊豆山へ降りる行程。登山ではなく下山だ。「下山」と聞いて、同行者の一人の顔がいつもより明るい。

十国峠は、箱根外輪山から南に延びた稜線上に位置する峰である。古くから眺望の良いことで知られており、常陸、武蔵、下総、上総、安房、相模、甲斐、伊豆、駿河、遠江の十国を望めることが地名の由来だ。晴れて空気が澄んでいれば北西に富士山が望める。南西の眼下には「沼津アルプス」とも呼ばれる静浦山地と駿河湾。北東に目を移すと温泉地として名高い湯河原や真鶴半島が眼下にある。

南を向けば伊豆諸島も望める。「十国峠は伊豆と本州の衝突以降にできた湯河原火山という古い火山の一部です」と話すのはジオガイドの木村正人さん。湯河原火山は約40万～20万年前に活動していた複成火山で、現在も活動中の箱根火山ととなりあわせである。

十国峠から少し歩くと、鎌倉幕府三代将軍・源実朝《さねとも》が詠んだ「箱根路をわが越えくれば伊豆の海や沖の小島に波の寄る見ゆ」という歌碑。歌人としても知られた実朝は、箱根権現と伊豆山権現の参詣に十国峠を何度も越えており、その際に詠んだものだという。ちなみに〝小島〟とは初島のことらしい。一行が興味を示したのは歌碑の脇に立つきれいな六角形の石柱。「これ、柱状節理ですね」と、今回同行してくれた伊豆半島ジオパーク推進協議会の鈴木雄介さん。どこから運ばれてきたものか

1

2

1.2 伊豆半島では人が死ぬと魂は日金山に昇るといわれている。東光寺本堂前で向かい合う閻魔様と奪衣婆。奪衣婆は閻魔様の裁きを身も心も裸で受けさせるため、三途の川のたもとで亡者の衣類をはぐ鬼ばば

3

4

6

5

3. 鎌倉三代将軍源実朝が22歳のときに詠んだ歌碑。手前が柱状節理の石柱 4. 十国峠から眺める秀麗富士と360度の絶景 5. 日金山は頼朝の篤い信仰に支えられ、ご本尊として祀られている延命地蔵菩薩像は頼朝公の建立によるもの。地蔵菩薩は地獄に身を置き、地獄で苦しむ者を救うことから死者の霊の集まる霊山として信仰があるという 6. 湯河原の落合橋から東光寺まで一丁（109 m）ごと、四十二丁目まで丁仏が設置されている。苔むした丁仏群は本堂左手にあったもの 7. 十国峠から見た早朝の相模灘

7

2. 薬草のツリガネニンジン。若芽や茎は和え物、天ぷらに、花はサラダにして食べる

3

認定ジオガイド
木村正人さん

山登り好きが高じて三百名山を完登したという木村さん。伊東自然歴史案内人、山岳指導員、富士山世界遺産ガイドとさまざまな資格を持つジオガイド。ジオに登山やハイキングをプラスしたツアーを得意とする。

1. 伊豆山神社の本宮社はそのむかし、広さ東西五間、南北三間半の拝殿、鳥居三ヶ所があった。しかし江戸時代後期に野火により全焼。現在は石鳥居と拝殿が建っているだけ 3. 末代上人の宝篋印塔。塔は安山岩でできている。末代上人は平安時代に富士山登頂に成功し、富士山上人と呼ばれた修験者で日金山の地蔵堂を開いた 4. 一枚岩の絶壁に裂け目があって、観音様が祀られている。神々しさを感じる岩戸観音 5. 岩戸山登山道、大岩分岐から岩戸観音までは往復約 20 分。このあと激しいヤブ漕ぎが待っていた

分からないらしいが、意外なジオ的発見であった。

出発して20分ほどで日金山東光寺《ひがねさんとうこうじ》に着いた。本堂を守るように両側に立つ閻魔《えんま》様と、三途の川の渡し賃を忘れた亡者の衣服を剥ぎ取る奪衣婆《だつえば》の石像が強烈だ。この寺の縁起によると開山は応神天皇四年（273年）と伝えられる古刹。鎌倉時代には、源頼朝の篤《あつ》い庇護を受け、現在、本尊として祀られている延命地蔵菩薩像は、頼朝が建立したものだという。「日金山は、かつては山岳信仰の修行の場であり、死者の霊が集まる霊山」（木村さん）として現在でも篤い信仰を集めているという。

日金山の名前の由来には、こんな伝説がある。応神天皇二年（271年）伊豆山の浜辺に光る鏡が現れた。鏡は波間を飛び交っていたが、やがて西の峰に飛んでいった。その様子は日輪のようで、峰は火を吹き上げているように見えた。そのことから「火が峰」、「日が峰」とも呼ばれ、日金山と転訛したというのだ。「富士山か、箱根山の火山の噴火と関係しているのではと調べたことがありますが、はっきりとはわからなかった」と鈴木さん。ただ、神仏習合の時代、日金山が火の神である

7. 毒キノコみたいなタマゴダケ。実は食用。秋の山にはおもしろいキノコがたくさん生えていた

6.9 伊豆山神社から約500 m上に鎮座する白山神社。うしろに巨木を配した岩倉のもとに神社を祀ってある。マメヅタが絡んだ巨岩にとてつもないパワーを感じる 8. 頼朝と北条政子の恋が成就した伊豆山神社。縁結びの神様として、若い女性の参拝客が増えている

伊豆山下山 膝が笑うほど 下って、下って ごほうびは アッツイ温泉

10. 赤い龍は火、白い龍は水の力を掌り、2つの力を合わせて温泉を生み出すという、伊豆山神社最強の守護神

火牟須比命《ほむすびのみこと》を祀ったことは事実である。

日金山東光寺の周辺や岩戸山へいたる路傍にはおびただしい数の石仏が立ち並ぶ〝信仰の道〟だ。東光寺から少し進んだところには湯河原に通じる古い参道への分岐があり、日金山が広く信仰を集めていたことを物語る。途中には、平安時代後期の修験僧で、日金山で修行し富士山山頂に大日寺を開いた末代《まつだい》上人の供養塔がある。東光寺から10分ほどの「笹の広場」は、来宮《きのみや》神社へ通じる分岐で、そこには石仏の下に刻まれた「三十五丁目」の石標。1丁（約109m）ごとにたてられた道標で「真鶴の小松石で造られた」（木村さん）のだという。小松石は箱根火山から噴出した溶岩からできた石である。

「笹の広場」から20分ほどで岩戸山山頂に着く。眼下に熱海の街を眺めながらオニギリを食べ、先に進んだ。岩戸山からの下山の途中に「岩戸観音」への道標があり往復20分ほどだという。一同「ぜひ、行ってみたい」と歩き始めたのだが、急斜面を横切る細い道はササに覆われ、限りなくヤブ漕ぎ状態であった。だが、身体中をササに叩かれながら行った

源頼朝も入浴したという走り湯は、まさにジオの恵み

甲斐はあった。巨大な一枚岩に自然の祠《ほこら》が穿たれており観音様が祀られている。岩に宿るという磐座《いわくら》信仰そのもので、かつては修験道の行場だったという。「ジオ的には、湯河原火山の溶岩」（木村さん）だという。風化しているが板状節理も見て取れた。

再び登山道に戻り、登山道を下って保養所や別荘の建つ七尾地区。そこを過ぎると伊豆山神社の元宮（本宮）があり、広大な鎮守の森に入る。伊豆山ジオサイトであり、その周辺は湯河原火山の火山灰土に覆われており、その滋味を生かして作られる大根は「七尾たくわん」として伊豆山の名物。シイやカシといった薄暗い照葉樹の森には巨岩の群れの中に白山神社が祀ってある。白山神社から10分ほど下り、伊豆山神社の社殿に着いた。

伊豆山神社は、古くは伊豆大権現、走湯大権現とも呼ばれ、修験道の開祖とされる役小角《えんのおづぬ》（行者）や弘法大師、末代上人などが入峰修行を積んだと伝えられる霊場でもあり神仏習

1

2

3

1.2 国内では珍しい横穴式源泉の「走り湯」。約1300年前に役小角という修験道が発見した。四国松山道後温泉、神戸六甲山有馬温泉と並ぶ日本三大古泉のひとつ。現在でも洞窟から70度のお湯が1日7000トン湧き出ている 3. 石段が続く伊豆山神社の参道。山歩きの最終章が階段とは 4. コースの終点は、海岸線を走る熱海ビーチラインと相模灘が目の前に迫る

4

合の面影を色濃く残す神社だ。伊豆に配流された源頼朝が源氏再興を祈願した神社であり、鎌倉時代には「関八州総鎮護」として崇敬された。

拝殿で参拝し「やれやれ」と思っていたが、ゴールではない。実は、伊豆山神社の参道は、はるか下の海岸線まで続いている。その階段の数８３７段。膝が笑いそうになりながら、海岸線まで下ると伊豆山ジオサイトの核心部ともいうべき「走り湯」がある。「走り湯」は全国的にも珍しい横穴式源泉で、いまからおよそ１３００年前に発見されたという。湧き出した湯が海岸に飛ぶように走り落ちる様子から、その名がついたという。参道の途中に、ここの湯を引いた共同浴場「走り湯浜浴場」がある。山歩きのシメはやはり温泉だ。われわれ一行が火山のありがたい贈り物に「極楽」を連呼したことはいうまでもない。

5. 参道付近はノラ猫の出没率高し

access

【往路】JR 熱海駅→バス 十国峠登り口駅下車
【復路】逢初橋バス停→ JR 熱海駅

オススメ point

走り湯　浜浴場

参道（階段）沿いにある共同浴場で、走り湯の源泉から引き湯しているそうだ。浴槽は熱めとぬるめに分けている。お湯から出た後、いつまでも体がポカポカしていた。

■熱海市伊豆山 579 浜会館内 TEL 0557-80-0210

コースガイド

十国峠 ← 20分 ← 日金山東光寺 ← 10分 ← 笹の広場 ← 20分 ← 岩戸山 ← 10分 ← 分岐 ← 往復20分 ← 岩戸観音 ← 往復20分 ← 伊豆山神社本宮 ← 15分 ← 伊豆山子恋の森 ← 25分 ← 伊豆山神社 ← 20分 ← 走り湯

KUROTAKE

玄岳〜丹那盆地コース

山頂から望む雄大な景色に大喝采

伊豆半島が本州と衝突したあとに噴火を始めた火山の地形や、丹那断層を目の当たりにできる玄岳からの眺め。断層の働きでできた丹那盆地は酪農がさかん。酪農王国オラッチェをゴールに設定して、いざ出発!

文･高橋秀樹

course ㉒

難易度　★★★★☆
歩行時間　約3時間
歩行距離　約6.5㎞

玄岳《くろたけ》（標高798・5m）は伊豆半島の北東部に位置する山稜のひとつだ。熱海市、函南町、伊豆の国市にまたがっており、ハイキングの山でもある。熱海駅からバスで20分ほどで「玄岳ハイクコース」の登山口がある。そこから2時間弱で山頂だ。伊豆スカイライン（有料道路）の西丹那駐車場の脇からも登山道があり20分弱で山頂に着く。われわれ一行がたどったのは西丹那駐車場からである。

伊豆半島ジオパークの説明板が立つ駐車場には何台かの車が止まっており、ドライブ客が眺望を楽しんでいた。ここからは、伊豆半島が本州に衝突した後に噴火を始めた富士山や愛鷹山、箱根山が一望でき、眼下には丹那盆地が広がっている。また、過去いく度となく繰り返してきた地震によってできた「丹那断層」の痕跡である谷筋が見られる。それは後で詳しく説明するとして、まずは玄岳山頂を目指して歩き出した。

登山道の入口には小さな道標があり、踏み跡もしっかりした一本道で迷うことはない。ただ、ところどころ背丈ほどもあるササやススキをかき分け、体をくの字にしてくぐらなければならなかった。そうこうする

2

3

4

2.3 人ひとり通れるくらいの道幅で、自分の背丈ほどあるササの原を進む。後ろを振り返ると真鶴半島がくっきりと見えた 4. 西丹那駐車場を出発して 20 分ほどでササが刈り払われた山頂に到着

5

5. 頂上には富士山、愛鷹山、天城連山、箱根、駿河湾、相模湾など360度の大パノラマが広がる。大島や初島も見える 6. ワレモコウが真紅の花をつけていた。秋の七草のひとつで、ススキと共に秋を彩る植物として十五夜に飾られる 7. 水面に青空を映した氷ヶ池

6

7

うちに「玄岳山頂海抜７９９・２ｍ（標高は国土地理院の表記と違っている）」に到着。振り返ると富士山や愛鷹山、箱根山はいうまでもなく、遠くには南アルプス。眼下には「沼津アルプス」と呼ばれる静浦山地と駿河湾が見える。見事なパノラマである。山頂はなだらかな丘といった趣で「お弁当持って遠足に来たら気持ちよさそう」と大きく背伸びをした。

ササやススキをかき分けて登ったのには理由がある。「玄岳は、約40万年前に活動を始めた箱根火山より古く、約70万～30万年前に活動した多賀火山が大きく浸食されて残った地形なんです」とは、同行してもらった伊豆半島ジオパーク推進協議会の鈴木雄介さんだ。気の遠くなるような太古の出来事とはいえ、なだらかな山のてっぺんでは火山の記憶

1

3

4

2

をたどることはなかなか難しい。

　山頂を後にし丹那盆地に向かって下った。途中、伊豆スカイラインと登山道が交差するガードを3つほどくぐり、山頂から50分ほどすると目の前に池が現れた。氷ヶ池だ。名前の由来は、そのままずばり氷が張る池である。製氷機のない時代、この池の氷を切り出して、保養地として賑わっていた熱海に運んでいたのだという。この池は「丹那断層から分岐した断層のくぼみにできた池」（鈴木さん）だと考えられている。

　氷ヶ池脇の登山道を進みササの山を超えると、やがて薄暗い杉林に入る。斜面のところどころに苔むした巨石が転がっている。「玄岳が崩れたときのもの」（鈴木さん）だという。苔に覆われながらも黒々とした巨石に、はるか太古の火山の記憶が刻まれているように思えた。杉林を下り切り、熱函《ねっかん》道路を渡ると丹那盆地である。氷ヶ池から1時間あまりで、次のジオポイントである「丹那断層公園」に着いた。

　丹那断層公園は、昭和5年（1930）11月26日、丹那盆地を震源とする直下型の北伊豆地震（マグニチュード7．3）の記憶を鮮明に残している。震源地に近い三島

1.2 ロープを頼りに急な山道を下り、氷ヶ池へと向かう。霧が出てきて、ちょっと幻想的な風景に 3. 初夏に白い花が咲き、秋に赤い実をつけるガマズミ。実が甘いため、昔は子どもたちが取って食べたという 4. 伊豆スカイラインをくぐってさらに先へ 5. 霧の中の氷ヶ池。晴れていれば、池の向こう側に大きな富士山が見える

6

8

9

10

7

6. 函南の里に近づくと景色が変わった 7. 秋の野を彩るアザミの花 8. ねばり気の強いマグマが固まるときに流れ出てできた「流理構造」という模様 9. 手作りの道標をいくつも見かけた 10. 杉林の中には大きな岩がゴロゴロ転がっていた。これは北伊豆地震よりずっと以前、玄岳がくずれたときに転がってきたもの

山はきまぐれ。一変して霧がたつ 氷ヶ池もより幻想的な表情に

5

市では震度6の烈震を観測し、死者・行方不明者272名など多くの被害を出した。この公園は当時、個人の屋敷があったところで、石積みの水路や円形に組まれたゴミ焼き場などが地震によって横ずれした跡が生々しく残っている。その横ずれの幅はおよそ2mだ。また折りしも丹那盆地の地下約160mで掘り進められていた東海道本線の丹那トンネルの工事現場も直撃。水抜き用の副トンネルが2mあまり食い違ってしまったという。北伊豆地震の痕跡は火雷《からい》神社（田代盆地）などにも残されている。

丹那断層（北伊豆断層帯）は1回きりの地震でできたものではない。「この断層は700〜1000年に1回ほどの間隔で地震を繰り返してきました。1回のずれは数mほどですが、太古から繰り返されてきた地震で、いまではもとの地形が南北に1kmほどずれているんです。」と鈴木さんが説明する。実は、冒頭の西丹那駐車場からは、丹那盆地や、その北側にある田代盆地をつらぬく谷筋が見て取れる。その谷筋が丹那断層の断層線である。

つまり丹那盆地や田代盆地自体が古くから繰り返してきた地震によって生まれた地形なのだ。鈴木さんによれば、伊豆半島の付け根にあたるこの一帯南の海からフィリピン海プレートとともにやってきて本州に衝突した伊豆は、今でもプレートの動きによって本州に押し込まれている。こうした力が、半島の中に多くの活断層を作り、過去に何度もの地震を起こしているのだという。丹那断層（北伊豆断層帯）もこうした活断層のひとつで、南北に30km以上も続く大きな断層だ。プレートによって押

1

3

2

1.2 北伊豆地震で丹那と田代盆地では約２mの左横ずれ断層が地表に現れた。丹那断層公園は活断層の実態を見ることができる、世界的にも貴重な場所として国の天然記念物に指定されている 3. 長期におよぶ丹那断層の活動で作られた丹那盆地を歩く 4. 伊豆スカイラインのピークが玄岳

4

丹那断層でできた谷は歴史を持つ酪農の里

される力を断層を境に大地を横ずれさせることで解消していると説明する。そして、大地のダイナミックな動きの結果できたのが丹那断層に沿う谷であり、丹那盆地であり田代盆地なのである。

丹那断層公園から広々とした田んぼの農道を歩き15分ほどでゴールの「酪農王国オラッチェ」に到着。レストランや売店がある酪農をテーマにした観光牧場であり、この地域の産業のシンボルともいうべき施設だ。すぐ隣には「丹那牛乳」の工場があり、道すがら乳牛を飼っている酪農家の家を何軒か見かけた。丹那は酪農の盛んなところだ。が、もともとはコンコンと清水が湧き出す土地で稲作やワサビ栽培も盛んな土地だったという。ところが、地域にとって悲願だった丹那トンネルの工事がはじまると、一転して丹那地域は深刻な水不足に見舞われた。トンネル工事によって大量の地下水がトンネルの中へと失われてしまったのだ。そうしたことを背景に酪農へと転換。いまでは伊豆でも有数の酪農地帯になっている。

丹那ジオサイトは、伊豆半島のなかでも、もっとも生々しい記憶を留めている。

伊豆半島ジオパーク推進協議会
専任研究員
鈴木雄介さん

伊豆半島ジオパーク推進協議会の専任研究員で、火山学が専門。ジオパークは伊豆の風土そのもの、という鈴木さん。今後の活躍に期待が高まる。

酪農王国オラッチェ

オススメ
point

園内では動物たちとふれあい、野菜の収穫体験ができるほか、安心・安全な食材を使った料理が味わえる。低温殺菌牛乳をはじめチーズやバターなどの乳製品、有機栽培麦で作る地ビールの販売も行っている。

access

【往路】最寄り駅・バス停からタクシー利用で玄岳登山道入り口【復路】酪農王国オラッチェからタクシー利用

オススメ point

火雷《からい》神社（右）と雷電《らいでん》神社（左）

昭和5年（1930）の北伊豆地震による断層のずれの跡を保存した火雷神社。鳥居と石段の間を断層が走り、鳥居と石段の各中心が約140cm左にずれている。雷電神社は日金山と同じ火の神様を祀っている。

コースガイド

伊豆スカイライン玄岳パーキングエリア
← 10分
玄岳山頂
← 50分
氷が池
← 80分
丹那断層公園
← 15分
酪農王国オラッチェ

（株）伊豆バス
賀茂郡松崎町道部 60-2
TEL 0558-43-2015、090-5609-2015
https://izubus2015ryokou.wixsite.com/izubus

富士急シティバス（株）
沼津市東椎野 475
TEL 055-921-5367
http://www.fujikyu.co.jp/

ジオパークビジターセンター

伊豆半島ジオパークミュージアム「ジオリア」
伊豆市修善寺 838-1
修善寺総合会館内
TEL 0558-72-0525
開館時間 9：00 ～ 17：00
休館日 水曜日（祝日の場合は翌日が休館日）
入館料 無料
http://izugeopark.org/georia/

函南ビジターセンター
田方郡函南町塚本 887-1
（道の駅「伊豆ゲートウェイ函南」内）
TEL 055-979-1112

熱海ビジターセンター
熱海市田原本町 11-1 ラスカ熱海 1F
（熱海観光案内所内）
TEL 0557-85-2222

南伊豆ビジターセンター
賀茂郡南伊豆町石廊崎 546-5
（石廊崎オーシャンパーク内）
TEL 0558-65-1600

下田ビジターセンター
下田市外ケ岡 1-1
道の駅開国下田みなと内
TEL 0558-22-5255

松崎ビジターセンター
賀茂郡松崎町松崎 315-1
明治商家中瀬邸内
TEL 0558-43-0587

河津七滝ビジターセンター
賀茂郡河津町梨本 379-13
河津七滝観光センター内
TEL 0558-36-8263

東伊豆ビジターセンター
賀茂郡東伊豆町奈良本 996-13
熱川温泉観光協会内
TEL 0557-23-1505

天城ビジターセンター
伊豆市湯ヶ島 892-6
道の駅天城越え昭和の森会館内
TEL 0558-85-1188

三島ビジターセンター
三島市一番町 16-1
三島市総合観光案内所内
TEL 055-971-5000

伊東ビジターセンター
伊東市八幡野 1183
伊豆急行伊豆高原駅構内
TEL 0557-52-6100

沼津ビジターセンター
沼津市戸田 1294-3
道の駅くるら戸田内
TEL 0558-94-5151

伊豆の国ビジターセンター
伊豆の国市田京 195-2
（道の駅「伊豆のへそ」内）
TEL 0558-76-1630

西伊豆ビジターセンター
賀茂郡西伊豆町宇久須 2169
（こがねすと内）
TEL 0558-55-0580

長泉ビジターセンター
駿東郡長泉町下土狩 1283-11
（コミュニティながいずみ内）
TEL 055-988-8780

伊東港ビジターセンター
伊東市和田 1-17-9
TEL 0557-37-1125

伊豆半島ジオトレッキングの 心得

その１『伊豆は都会にあらず』

観光地のイメージが強い伊豆ですが、実は山も深く、海岸や川沿いも手つかずの自然が残る場所が多くあります。サンダルやタンクトップなどの軽装は避け、必ず十分な装備でスタートしてください。たとえ日帰りでも、地図や飲み物、携行食、雨具などを忘れずに。

その２『自然をリスペクトする』

伊豆半島の自然は、国立公園や天然記念物に指定されているところも多く、勝手に持ち出すことで失われてしまう危険があります。石や化石、動植物の採取はやめましょう。また、動植物の中には危険なものもあります。むやみに触らないように。

その３『伊豆の大地を楽しむ気持ち』

車を降りて、ほんの少し歩いてみるだけでも「こんな景色があったんだ！」という驚きと感動に出会える。それが伊豆の醍醐味です。コンパクトな半島のなかに、海も、山も、川も、そして人の暮らしもぎゅっと詰まっているんです。温泉や新鮮な魚、きれいな景色はもちろんのこと、大地のことに目を向けるだけでまったく新しい風景が、そこに広がっています！

Town page

伊豆半島を満喫できるツアーガイド

◉伊豆半島ジオガイド協会
伊豆半島ジオパーク推進協議会が実施するジオガイド養成講座を修了し、認定試験に合格した認定ジオガイドの多くが所属する協会。ジオマニアの好奇心にも応えてくれるはず。
伊豆市修善寺 838-1「ジオリア」内
TEL・FAX 0558-74-0523
http://www.izugeoguide.org/

◉天城自然ガイドクラブ
天城山と周辺地域の自然公園指導員などの有志が集まって設立したガイドクラブ。伊豆の山や自然をこよなく愛するメンバーが案内してくれるエコツアーが評判だ。認定ジオガイドも多数所属している。
伊豆市湯ヶ島 176-2　伊豆市観光協会天城支部内　TEL 0558-85-1056
http://www.izu-angc.org

◉ ATLAS Outfitters
南伊豆を中心に、シーカヤックツアーガイドを行うサーフェイスがトレッキング部門として立ち上げたアトラスアウトフィッターズ。トレッキング、トレイルラン、キャニオニング、MTB、農業体験など「海山川で遊ぶ」ことならなんでもお任せ。
賀茂郡南伊豆町湊 514-3
TEL 080-8259-5889
http://www.atlas-outfitters.com

◉ NPO 法人 伊豆自然学校
西伊豆を中心に、多彩なネイチャーツアーを開催する。国内でも有数のグリーンツーリズムインストラクターである鈴木達志さんが提案するツアーは、カヤックからノルディックウォーキング、トレッキングなど、自然を存分に楽しめるワクワク感でいっぱい。
賀茂郡西伊豆町仁科 2097-1　堂ヶ島ピアドーム天窓内
TEL 0558-52-0080
http://npo-izu.org

◉伊東ジオマリンクラブ
伊東では、ダイビングショップの有志が集まってジオマリンガイドとして活動している。
http://itospa.com/umi/divingshop/

◉ KURA-RUN OUTDOORS
TEL 090-6098-3176
http://www.kura-run.com/
伊豆のキャニオニング、トレイルランニングを中心にしたアクティビティを提供している。

伊豆半島の観光協会

熱海市観光協会
熱海市渚町 2018-8 親水公園内
TEL 0557-85-2222
http://www.ataminews.gr.jp/

伊東観光協会
伊東市中央町 13-28
TEL 0557-37-6108
http://www.itospa.com/

東伊豆町観光協会
賀茂郡東伊豆町稲取 3354 1F
TEL 0557-95-0700
http://www.e-izu.org/

河津町観光協会
賀茂郡河津町笹原 72-12
TEL 0558-32-0290
http://www.kawazu-onsen.com/

下田市観光協会
下田市外ヶ岡 1-1
TEL 0558-22-1531
http://www.shimoda-city.info/

南伊豆町観光協会
賀茂郡南伊豆町下賀茂 157-1
TEL 0558-62-0141
http://www.minami-izu.jp/

三島市観光協会
三島市一番町 2-29
三島商工会議所会館 4F
TEL 055-971-5000
http://www.mishima-kankou.com/

函南町観光協会
田方郡函南町仁田 68-2
TEL 055-978-9191
http://www.kannami.net/

伊豆の国市観光協会
伊豆の国市古奈 255
TEL 055-948-0304
http://www.izunotabi.com/

伊豆市観光協会
伊豆市柏久保 631-7
TEL 0558-99-9501
http://www.izushi.info/

沼津観光協会
沼津市千本港町 117
TEL 055-964-1300
http://www.numazu-mirai.com/

西伊豆町観光協会
賀茂郡西伊豆町仁科 2910-2
TEL 0558-52-1268
http://www.town.nishiizu-kankou.com/

松崎町観光協会
賀茂郡松崎町松崎 211
TEL 0558-42-0745
http://www.izumatsuzakinet.com/

ながいずみ観光交流協会
駿東郡長泉町下土狩 1283-11
コミュニティ長泉 2F
TEL 055-988-8780
http://www.kanko-nagaizumi.com/

清水町観光協会
駿東郡清水町伏見 86
TEL 055-975-7155
http://www.kakitagawa-kanko.jp/

伊豆半島の交通事業者

東海自動車（株）自動車営業部営業課
伊東市渚町 2-28
TEL 0557-36-1112
http://www.tokaibus.jp/

伊豆急ホールディングス観光推進本部
伊東市八幡野 1151
TEL 0557-53-1116
http://www.izukyu.co.jp/

（株）エスパルスドリームフェリー
静岡市清水区日の出町 10-80
マリンターミナル 3F
TEL 054-353-2221
http://www.dream-ferry.co.jp/

伊豆箱根鉄道（株）修善寺駅
伊豆市柏久保 631-7
TEL 0558-72-0667
http://www.izuhakone.co.jp/

伊豆箱根バス（株）三島営業所
三島市大場 300
TEL 055-977-3874
http://www.izuhakone.co.jp/bus/

Izu

Izu Peninsula Geopark

伊豆半島ジオパーク
トレッキングガイド

2015年3月10日初版発行
2023年4月20日第6刷発行

企画・編集	静岡新聞社編集局出版部
発行者	大須賀紳晃
発行所	静岡新聞社
	〒422-8033静岡市駿河区登呂3-1-1
	電話　054-284-1666
アートディレクション	野村道子（bee's knees-design）
取材・文	静岡新聞社 出版部
	高橋秀樹
	佐野真弓
撮影	高橋秀樹(本文、グラビア)
	多々良栄里（表紙、トビラページ、4P）
寄稿・写真提供	静岡県自然史博物館ネットワーク　杉野孝雄（伊豆の自然図鑑 植物）
	静岡県自然史博物館ネットワーク　三宅隆（伊豆の自然図鑑 陸の生物）
	川嶋尚正（伊豆の自然図鑑 海の生物）
デザイン・イラスト	塚田雄太
地図	河合理佳
監修	伊豆半島ジオパーク推進協議会　鈴木雄介
制作協力	伊豆半島ジオパーク推進協議会
	伊豆半島ジオガイド協会
	天城自然ガイドクラブ
	ATLAS Outfitters
	静岡県自然史博物館ネットワーク
	いとう漁協
印刷・製本	中部印刷

ISBN978-4-7838-1960-8　C0026

乱丁・落丁本はお取り替えいたします。
定価はカバーに表示してあります。